Rüyaların Hikmetli Dili

Resimli Rüya Tabirleri

AKİS KİTAP

© AKİS KİTAP Tüm yayın hakları yayınevine aittir. Kaynak gösterilerek tanıtım ve iktibas yapılabilir. Çoğaltılamaz, basılamaz, senaryolaştırılamaz ve farklı biçimlerde hazırlanıp satışa sunulamaz. Elektronik ortamlarda yayınlanamaz.

Resimli Rüya Tabirleri

Lilay Koradan

Yayın Yönetmeni	: İbrahim Özbay
Editör	: Özlem Kocukeli
Kapak Tasarım	: Gökhan Koç
Halkla İlişkiler	: Aynur Kulak
İç Tasarım	: Ayda Alaca
Film	: Grafist Film
Baskı-Cilt	: Ayhan Matbaa
Genel Yapım	: Endülüjans İçerik Hizmetleri
1. Baskı	: Ekim 2005 İstanbul
Dağıtım	: Yeni Çizgi 0212 220 57 70
ISBN	: 975-9129-48-5

AKİS KİTAP

Osmanlı Sokak Alara Han. No: 27 Kat: 4 Daire: 8
Kazancı Yokuşu Gümüşsuyu/Taksim-İstanbul
Tel: 0212 243 61 82   Fax: 0212 243 62 36
www.akiskitap.com-akis@akiskitap.com

Rüyların Hikmetli Dili

Resimli Rüya Tabirleri

Lilay Koradan

Rüya nedir ve rüya tabiri nasıl yapılır?

Rüyalar metafizik ve mistik bir olaydır. İç dünyamızdan doğar. Zaman ötesi nitelikleri ile birlikte bilinç altına yansıyarak bize ulaşır. Bu arada bilincin ve şuur altının şekillenme ve fotoğraflarına bürünür. Zaten eski psikiyatrislerin rüyaları bilinç altı diye nitelendirmesi onların bu özelliklerinden gelir. Hatta iç dünyadan gelen rüya olayının bilinç altında doğmaz. İçimizdeki ben den bize gelen mesajlardır. Bunun önemli delilleri vardır.

Rüyalar çok kısa sürede görülür. Uyandığımız zaman 15 - 20 dakika anlattığımız rüya bilimsel olarak ispatlanmıştır ki, bir kaç saniyede görülmüştür. İç dünyadaki kişiliğimizin madde ötesi olması sebebi ile rüyalarda zaman ötesinde ceyran eder. Birkaç saniyelik süre rüyanın şuur altına, oradan bilince geçmesi süresidir. Yoksa rüyada zaman sıfırdır.

Rüyalarda bir iç spiker vardır. Gördüğümüz bir rüyayı anlatırken "Bir şehre gitmiştim. Orası filanca şehirmiş. Bir kimse gördüm o filanca imiş." dediğimiz zaman bu bilgiyi bize birinin görünmeden söylediğini fark ederiz. İşte bu spiker iç dünyamızdaki ben, asıl kişiliğimizdir.

Rüyalar bazen açıkça bazen üstü kapalı olaylara bürünmüş olarak geleceği haber vermektedir. Bilim tarihinde ve günlük hayatımızda geleceği olduğu gibi gösteren rüyalara sık rastlanmıştır. Bilim tarihine geçen bu tarz ünlü bir rüya Abraham Linkol' ün rüyasıdır.

Bazı rüyalar açık değildir şekillere bürünmüş gizlenmiştir. Bu rüyanın şuur altından geçerken aldığı fotoğraflardan meydana gelen karışık bir şekildir. Rüya yorumu bu karışık şekillerin analizi anlamını taşımaktadır. Gelecekten haber veren içimizdeki öz varlığımız, ölümsüz olan madde ötesi yanımızdır.

Dinimizde rüya ne anlam taşır?

İslam âlimlerinden bazıları rüyanın, rüya melekleri tarafından gösterildiğine inanırlar. Bunun da insana rüyasında refâkat eden rüya meleklerinin, insan ruhuna refâkat ederek değişik yerlere götürülüp gezdirilmesi şeklinde olduğunu söylerler. Bu seyahat sırasında ruhun gördüğü olaylar, akıl veya zihin olarak tabir edilen hafıza tarafından kaydedilir, sonra yeri ve zamanı geldikçe veya uyandıktan sonra bir şekilde hatırlanır.

Rüya hakkında hemen herkes bir şeyler söylemiş ve özellikle İslam alimleri, rüya tabircileri ve filozoflara varıncaya kadar herkes, rüya üzerine değişik yorumlar yapmışlardır.

Rüya bize şifreler sunmaktadır. Bu şifreleri çözmek rüyayı sağlıklı tabir etmekle olur. Buradaki bilgiler bir ön bilgi olmakla birlikte mutlaka iyi bir rüya tabircisinin yorumlarına da başvurmak gerekmektedir.

Hayırlı rüyalar, hayırlı yorumlar...

ABAJUR

Her ne şekilde olursa olsun abajur ile ilgili bir şey görmek, yakın gelecekte bir işten maddi bir kazanç sağlanacağını, faydalı bir işe başlamaya, geliri önceden bilinen ve belli olan işleri belirtir. O anda bilmediğiniz, daha sonradan ortaya çıkabilecek bir işten kazanç sağlamak anlamına gelir.

ABANOZ

Abanozdan yapılmış bir eşya görmek, iyi olmayan sonuçlarla karşılaşmaya işarettir. Kimileri de abanoz görmeyi kuvvetli ve inatçı biriyle karşılaşma olacağına yorarlar. Abanoz ağacını erkek görürse neşeli, varlıklı bir kadına; kadın görürse katı kalpli zengin bir erkeğe delalet eder

ABDEST ALMAK

Genellikle ferahlamaya işaret eder. İleri gelen kimselerin yanında ihtiyaçların karşılanmasına yorulur. Temiz bir su ile abdest alınıyorsa amacına kavuşur. Eğer abdest tamamlamazsa amacına kavuşamaz. Soğuk bir mahzende abdest alan çalınan eşyasını bulur. Abdest alıp namaz kıldığını gören kişi üzüntü ve kederden kurtulur. Tüccar olan kimsenin rüyada abdestin namaz kıldığını görmesi, sermayesi olmadan mal kazanacağına işaret eder. Rüyada abdestin bozulması ise, bir dönem geçici sıkıntılar yaşayacağını belirtir.

ABI HAYAT

Suyundan içmek, hastalıklarınıza ve dertlerinize çare bulacağınız anlamına gelir. Abı hayat suyundan içmek yaşadığınız sürece hastalık ve dertlerle uğraşmayacağınız anlamına gelir.

ABLA

Yaptığınız işte ya da ilerde yapacağınız bir işte karşılaştığınız zorluklar karşısında itibarlı birisi tarafından kollanıp gözetileceğiniz anlamında gelir. Rüyada kendi ablasını görmek, yakında iyi bir haber almak demektir. Bekarlara evlenebileceğini belirtir. Ablanızı veya ablanızın olduğunu görmeniz, bütün işlerinizde koruma göreceğinize ve ömrünüzün uzun olacağına işarettir.

ACI ÇEKMEK

Vücudunda veya başında bir ağrı veya acı bulunduğu şeklinde bir rüya görmek, özel meselelerini başkalarına anlatmaması ve bazı şeyleri kendisine saklamayı öğrenmesi gerektiğine işarettir. Diş ağrısı: Rüyada diş ağrıması yakında sevindirici bir haber alacağınıza işarettir. Bir yerinizi acıttığınızı görmeniz ise dostlarınızın iğneli sözleriyle karşılaşacağınızı gösterir.

ACI

Rüyada acı bir şey yemek, birden sevinmek demektir. Bir söz veya işiteceği şeyler bu sevince de söylenecek neden olabilir. Rüyada acı çekmek tam aksi olarak yorumlanır. Duyulan acı büyük huzur ve mutluluğa işaret eder. Ellerdeki acı hissetmek bolluk olarak yorumlanır.

ACIKMAK

Rüyada acıkmak ve doyuncaya kadar yemek hastalıktan kurtulmaya ve bolluğa işarettir. Rüyada açlık çekmek, maddi konularda kazanç sağlayacağını belirtir. Çocuğu, dilenciyi veya bir hayvanı doyurmak ise hayırlı bir iş yaparak, manevi kazanç sağlanacağını belirtir.

ACIMAK

Kimse rüyada birisine acıyarak yardım ediyorsa, sıkıntılı bir yaşam geçirmemek için biraz daha sıkı ve disiplinli çalışmalıdır.

ACUZE

Rüyada çirkin ve ihtiyar bir kadın görmek, evlilikte sıkıntıyı, ya da işlerinizin ters gitmesine ve üzüntülü anlar yaşayacağınıza işarettir.

AÇGÖZLÜLÜK

Rüyada açgözlülük yaptığını görmek, içinizdeki üzüntüden bir süre daha kurtulamayacağınıza işarettir.

AÇILIŞ

Rüyada bir açılışta bulunmak veya bir açılışa davet edilmek sevinçli habere işarettir. Bir yerin açılışını yapmak, insanların hayrına olan bir işin, güzel günlerin kısa sürede geleceğine işarettir.

AÇLIK

Rüyada açlık çekmek, maddi konularda kazanç sağlayacağını belirtir. Çocuğu, dilenciyi veya bir hayvanı doyurmak ise hayırlı bir iş yaparak, manevi kazanç sağlanacağını belirtir.

AÇMA

Rüyada açma yemek, bir yoksulu düşüneceğiniz konusundaki vaadinizi gerçekleştirmeniz gerektiğine işarettir. Boş laflar etmemeniz, adaklarınıza ve verdiğiniz sözlere dikkat etmeniz gerektiği anlamına da gelir.

ADA ÇAYI

Rüyada, ada çayı görmek, toplamak veya ada çayı içmek, dışarıdan gelecek biri tarafından evinizdeki huzurun bozulacağına delalettir.

ADA

Kayalıklarla kaplı ada yalnızlığa, yeşil ada hayırlı nimete, insanların yaşadığı ada huzurlu ve sonu güzel olan hayata işaret eder. Bekarlar için güzel bir aşk yaşayacağını, evliler için ise evlilik hayatında maddi veya manevi sıkıntıya yorumlanır. Orta yaşlılar için, iş değiştirmeyi de belirtebilir. Ada da gezinti, çok istediği bir işin gerçekleşmeyeceğini; ada da fırtına, üzüntü ve acı yaşanacağını belirtir. Ada da yanardağ görmek, yakınınızdaki kişilerden bir kötülük göreceğinize yorumlanır. Adanın batması ise, bir kız çocuğu doğacağına işarettir.

ADA SOĞANI

Kötülükle anılan bir adam olarak tabir edilir. Elinde bu soğan olduğunu gören kimse, kendisinin kötü anılmasına neden olacak bir yapmayı arzu eder.

ADALET

Davranışlarınıza dikkat etmeniz gerekir, bazı karışık olaylarla karşılaşabilirsiniz. İnsanlara karşı zor durumda kalabilirsiniz diye yorumlanır.

ADAM

Rüyada daha önce tanışmadığı bir adam ile konuşma, yeni ve iyi bir arkadaşlığı gösterir. Adamla kavga etmek, ev içinde bir sıkıntıyı; adam öldürmek, eski bir düşmanlığın canlanmasını veya bir dedikodu yüzünden sıkıntıya düşmeyi belirtir. Adama yiyecek vermek, hafif bir sağlık bozukluğuna, adamdan bir şey almak, ciddi bir hastalığa, birisine iyilik etmek, yakın çevrede bir sıkıntıya işaret eder. Adama para vermek, dedikoduyu, para almak, emeğinin karşılığı çok büyük miktarda para kazanılacağını belirtir. Adama hakaret, size yöneltilen suçlamalardan kurtulmaya işarettir.

ADEM PEYGAMBER

Rüyada Adem peygamber niyetine kutsal bir kişi görmek, o dönemde olmasını istediği birçok şeyin gerçekleşeceğini belirtir. Adem Dünyada ilk rüya gören ve bunu ilk defa yorumlayan olduğu için; tabir ilminde başarılı olmaya, Hacca gitmeye ve dostları ile bir araya gelmeye, uzak yerlere seyahate çıkmaya işaret eder.

ADI DUYMAK

Rüyada adınızı duymak veya adınızla çağrılmak, sizi sevindirecek güzel bir haberin müjdecisidir. Tanıdıklar arasında daha çok sevilip sayılmaya yorumlanır.

ADİ

Kendini bu durumda görmek, iş hayatınıza düzen vermeniz gerektiğine işarettir.

ADİL

Çekilen zahmetlerin karşılığının alınacağına, er ya da geç başarının sizinle birlikte olacağına işarettir.

ADLİYE BİNASI

İşlerinizin bozulacağı ve sıkıntıya düşeceğinizi belirtir. Adliyede hakim görmek iyiye işarettir. Bulunduğunuz durumdan çok daha güzel konumlara gelerek, saygınlığınızın artacağını belirtir. Güç işlerin üstesinden gelerek, emellerinize kavuşacaksınız.

ADRES

Adres almak veya vermek:akraba ve dostlarınızı ziyaret edeceğiniz anlamına gelir.

AF

Birisini affettiğinizi görmek, işlediğiniz sevaplardan dolay ALLAH'IN sevgili kullarından birisi olduğunuzu size müjdeler. Af dilemek, bir haksızlığa uğrayacağınız ve bundan duyacağınız üzüntü duyacağınız anlamındadır.

AĞ

Bazı sorun ve sahtekarlıkla karşı karşıya kalacaksınız demektir.

AĞABEY

Yardıma ihtiyaç duymadan yaşayacağınıza ve maddi sıkıntı çekmeyeceğinize işarettir.

AĞAÇ

Rüyada meyve ağacı görmek, isteklerin olacağına ve maddi kazanca işarettir. Yapraksız ve kuru bir ağaç fakırlık; çok yapraklı ağaç ise sağlık ve mutluluğu belirtir. Ağaç dalı kısa bir süre için sorunların çözüleceğine, fakat tekrar başlayacağına işarettir.

AĞAÇ SAKIZI

Birinin yılışıklığı yüzünden başınızın sıkıntıya düşeceğine yorumlanır.

AĞDA

Görmek ya da kullanmak, endişelerden geçeceğine ve mutluluğun geleceğine işarettir.

AĞIZ

Ağzın kapalı olduğunu görmek, ağzı bozuk olan bir kimse demektir. Ağız kenarı görmek, karşılaşabileceğiniz tehlikelerden kaçarak kurtulacağınıza işarettir.

AĞLAMAK

Tam tersi olarak sevineceğinizin işaretidir.

AĞRI

Sevgiliniz sizi hayal kırıklığına uğratıp kalbinizi kırabilir. Hayatınıza kendi menfaatleri için sizi kullanmak isteyen biri girebilir. Ya da önemsiz bir hastalığa yakalanacağınız anlamına gelir.

AHIR

Boş bir ahır, mal kaybına, fakirliğe ve sıkıntıya; hububat, buğday ve birçok sağlıklı hayvanla dolu ahırsa bolluğun, bereketin işaretidir.

AHİRET

Rüyada ahrete gitmek, uzun ve faydalı bir yolculuğu belirtir. Ahrette bulunmak, emeklerinin karşılığını alacağını büyük bir iyilik ve mutluluğa kavuşulacağını belirtir. Ahretten kovulmak, mal, bazen de can kaybına işarettir. Kendini ahrette görmek, dileklerinizin gerçekleşmesi, uğruna harcadığınız gayretlere rağmen bunların ancak bir kısmını elde edeceğinize işarettir .Ahrette kovulmak, mal kaybına ve sefalete işarettir. Ahreti seyretmek, ailece mutlu bir yaşam sürmeye yorumlanır.

AHŞAP

Ahşap bir ev görmek,eğer ev yeni ise iyi bir evliliğe, eski ise bir hastalığın daha kötüye gideceğine işarettir.

AHTAPOT

Rüyada ahtapot görmek, birden fazla işe girişileceği ve bu işlerden başarılar elde etmeyi işaret eder.

AİLE

Rüyasında ailesiyle birlikte oturduğunu gören kimse güçlü duruma gelir. Yani hemen her konuda kendini destekleyenler vardır. Aile karanlık bir yerde oturuyorsa, iş ve parayla ilgili sorunların halledilmesi için zaman gerekir; Aile aydınlık ve ferah bir yerdeyse, güçlü bir destek, başarılı bir girişim için yeterli olacaktır demektir.

AKAR ÇEŞME

Güzel günlerin boşa geçirildiğine işarettir.

AKAR SU

Herhangi bir su akıntısı görmek, maddi kazanç olarak yorumlanır.

AKASYA

İyi haber alınacağına işarettir.

AKIL HASTANESİ

Yaşamın kötüye gitmesi anlamındadır.

AKİK

Sağlıklı ve uzun bir yaşantıyı belirtir.

AKORDİYON

Müziği dinlemek, yakında mutlu günlerin geleceği anlamına gelir. Akordeon çalmak hoşlandığınız kimsenin sevgisini kazanacağınızın işaretidir. Fakat bu kişi, bazı olaylardan sonra size aşık olacak demektir.

AKRABA

Yakında kötü bir haber alacaksınız demektir. Hastalarınızdan dolay işlerinizin bozulacağına bu durumundan sağlığınızın etkileneceğine işarettir.

AKREP

Rüyada akrep görmek, kötü biri ile karşılaşılacağı veya onunla bir işe girişileceğine işarettir. Akrep öldürmek bir beladan kurtulacağını belirtir. Akrep inançsız, zararlı, külfeti çok, bozuk ağızlı fakat zayıf bir düşmandır. Evde akrep olması, hilekar biri tarafından aldatılmaya işarettir. Akrep sokması, bir ölüm haberi veya tehlikeye işarettir. Akrep öldürmek bir düşmanın kötü haberini almaya; yatakta akrep olması aile içinde birinin gurbete çıkmasına işarettir. Akrep sokması düşmandan zarar görüleceğine; elbisesinde akrep görmek çoluk çocuğundan zarar göreceğine; bir şeyi akrep olmadığı halde akrep sanmak, dost ve zararsız olan birini düşman zannetmeye; akrep tutup bir kadının üzerine koymak onunla ilişki kumaya işarettir.

AKTÖR

Rüyada film veya tiyatro aktörü görmek mutluluk habercisidir, kendisinin veya yakınının devlet veya bir kurumdan herhangi bir kazanç elde edeceğine işarettir. birine aşıksanız, onunla mutlu bir beraberliğiniz olacak demektir. Eğer Gördüğünüz aktör ya da aktris yaşamıyorlarsa, o zaman bir takım zorluklarla karşılaşacaksınız anlamına gelir. Aktris görmek, maddi kayba uğrayacağınızı gösterir.

ALABALIK

Rüyada alabalık ile ilgili herhangi bir şey görmek, hiç beklemediğiniz bir anda ortaya çıkan maddi veya manevi kazançları belirtir.

ALARM

Rüyada alarm çaldığını duymak, içinizde bazı gizli korkuların varolduğunun işaretidir. Seyahat ederken dikkatli olun ve özel hayatınızdan kimseye bahsetmeyin.

ALBÜM

Bir albüme fotoğraf taktığını gören kimse geçmişten aldığı ders sayesinde daha dikkatli davranacak ve bir engeli de böylece aşacaktır. İçi fotoğraflarla dolu bir albüm görmek geçmişte kalan ve birden tekrar alevlenecek bir olay olarak yorumlanır.

ALEV

Rüyada harlı bir alev görmek, baştan kötü giden bir işin zamanla düzeleceğini gösterir. Alevle bir yerinin yanması, tıbbi bir operasyona işarettir. Yangın alevi, iyi bir haber alınacağı demektir.

ALIŞVERİŞ

Kazançlı bir döneme girildiğini belirtir.

ALTIN

Rüyada altın görmek birkaç şekilde yorumlanır. Rüyada altın ile ilgili herhangi bir şey görmek, maddi, manevi ve sağlık yönünden istenilen şeylerin gerçekleşeceği, çevreden iyilik ve yardım görüleceği bir döneme girildiğini gösterir Altın para, dedikodu demektir. Altınları yığılı bir şekilde gören kimse, birisiyle ilgili bir sırrı öğrenir. Bekar bir genç kız ya da erkek altın yüzük takarsa iyi bir evlilik yapar. Bir erkekten altın para, altın ziynet eşyası alırken gören bir kadın, gizli bir ilişkiye girişir. Ama bu durum muhakkak duyulacaktır.

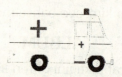

AMBULANS

Yakalandığınız bir hastalıktan çok çabuk kurtulacaksınız.

AMELİYAT

Rüyasında ameliyat olduğunu gören kişinin sağlığı mükemmeldir.

AMERİKA

İşinizde çok başarılı olup, birden yükseleceksiniz. Fakat bu, birçok kişinin sizi kıskanmasına ve size düşman olmasına neden olacak. Ailenizde bazı tartışmalar olacağına işarettir.

ANAHTAR

Rüyada anahtar kaybetme, erkekler için, ev değişikliğine, kadınlar için, evliliğinde geçimsizliğe işarettir. Anahtar bulmak güç ve iyi bir gelecek sağlayacak bir işe başlanacağına işarettir. Anahtarla kapı açmak, problemlerin çözümünün göründüğünden daha kolay olduğuna işarettir Kırık anahtarı görmek, çevrenizde arkanızda konuşan dostlarınızın varlığına işarettir. Anahtar çalınması, işlerinizi boş vermenizden dolayı çok zor durumlara düşeceğinize işarettir..

ANESTEZİ

Kendinizi anestezi yaparken görmek, yakınlarınızdan birinin sağlık haberlerini alacağınıza elinizden geldiği kadarıyla zor durumdakilerin yardımına koşacağınıza işarettir.

ANLAŞMA

Kendinizi birisiyle anlaşma yaparken görmek, ticari işlerinizde büyük zarara uğrayacağınıza ve malınızdan olacağınız anlamına gelir. Anlaşmazlık ise, yapılan iyilikleri sürekli hatırlatmaktan vazgeçilmesi gerektiğine işarettir.

ANNE

Rüyada bir kişinin annesini görmesi, iyi ve kazançlı günleri belirtir. Annesini ölü görmesi iyi bir haber veya olaya işarettir. Anne ile darılmak ve kavga etmek ise, başarısızlık ve maddi kayba işarettir.

ANTİKA EŞYA

Sevdiklerinizle birlikte uzun ve mutlu bir yaşam süreceksiniz anlamına gelir. Satın almak ise, uzun süreli bir sıkıntıya gireceğiniz anlamına gelir.

APARTMAN

Aile içinde bazı tartışmalar olabileceğine işaret eder.

ARABA

Arabaya binmek işlerinizin iyiye gideceğine ve bir terfii edeceğinize işarettir. dolmuş yapan arabaya binmek, güzel geçecek ticari amaçlı bir yolculuğa çıkacağınıza işarettir. Kaza yapmış araba büyük bir mevki sahibi olmaya; yuvarlanmış araba, itibarınızın kısa süreli olacağına; araba altında kalmak, zenginliğe veya büyük bir mirasa; arabanın peşinden koşmak, uzun süreli işsizliğe yorumlanır.

ARAMAK

Eğer rüyada aranan şey bulunursa,geçmişte bir yanlışlık yüzünden kaybedilenlere yeniden kavuşmaya,bulunamazsa sıkıntıların bir müddet daha süreceği anlamındadır. Birisinin sizi aradığını görmek,üzüntü ve keder demektir.

ARI

Bereket, başarı ve mutluluğun habercisidir. Arı görmek, İş ve özel hayatınızda birçok başarıya imza atacağınızın habercisidir. Ailenizle mutlu bir hayat sizi bekliyor demektir. Eğer arı soktuysa, bir arkadaşınız sizi hayal kırıklığına uğratacak anlamına gelir. Arı yakalamak, isteklerinizin gerçekleşmesi; arı öldürmek, beklenmeyen bir haber; arı topluluğu bir sırrın açıklanması.Çiçekler üzerinde arı ise yakın bir dostun habersiz ziyareti anlamına gelir.

ARKADAŞ

Ticarette başarı ve iyi şansa yorulur. Arkadaşınızın mutlu olduğunu gördüyseniz, bu sizinde mutlu olacağınız anlamına gelir. Arkadaşla kavga:birisine anlattığınız sırrınızın herkesin ağzına düşeceğine işarettir. Arkadaşınızı hasta veya üzgün gördüyseniz, ondan kötü bir haber alacaksınız demektir.

ARMAĞAN

Arkadaş veya sevgili bulmaktır. Armağan vermek, verilen kişinin değerine göre iyi veya kötü bir haber alınacağına; armağan almak, evlilerin çocuk sahibi olmalarına, bekarların evlenmesine yorulur.

ARMUT

Neşeli ve keyifli olmaktır. Mevsimsiz armut yediğinizi gördüyseniz, bir haram mal kazanabilir ya da hastalığa yakalanabilirsiniz. Armut almak ertelenecek bir yolculuğa; ham armut, üzüntüye işarettir. Ağaçta görmek ise, başarılı olacağınızın habercisidir. Hasta birinin armut ağacı görmesi, ölüme yorulur. Armut satmak ise, zorluklarla karşılaşacaksınız demektir.

ARPA

Arpa yemek arkadaşlarınızla kavga edeceğinize; arpa ekmeği zenginliğe; arpa tarlası, kısmete ve bolluğa; yaş arpa, çok kazanca; arpa biçmek, mal almaya ve hacca gitmeye yorulur.

ASANSÖR

Rahatlığa ve Size maddi yükü olan kimseden kurtulmaya işarettir

ASILMAK

Sizden üst seviyedeki birinin size yardım etmesi veya sizin başkasına iyilik yapmanızdır.

ASKER

Rüyada asker olmak, zorluklara rağmen zengin ve ünlü olabilmek demektir. Askeri silahsız görmek, iyi diye bildiğiniz birisinin size kötülüğünün dokunacağına işarettir. Bir konuda karar vermeden önce çok iyi düşünmelisiniz, aksi takdirde büyük hatalar yapabilirsiniz.

ASLAN

Rüyanızda aslanın saldırısına uğradıysanız, düşmanlarınız tarafından yenilecek onların emri altına gireceksiniz. Aslanla boğuşmak, kazanmaya; aslan öldürmek, her alanda başarıya; aslana sırtını dayamak, kayıp ve üzüntüye;.aslan tarafından takıp edilmek; tuzağa düşmeye işarettir.

AŞÇI

Bolluk, rahatlama ve mutluluğa işaret eder. Ayrıca ani bir yolculuğu da belirtebilir. Seyyar aşçı görmek, durumunuzun değişeceğine veya taşınacağınıza; Aşçıyı kazan başında görmek, evlenmek isteyenler için hayırlı kısmete, hastalar için hastalığın ilerlemesine yorulur. Aşçıyı evde görmek, oturduğunuz evden daha iyi bir eve taşınmaya; Aşçı ile kavga etmek, dost ve komşular hakkında kötümser olmaya ve bundan zarar göreceğinize işarettir.

AŞK

Rüyada sevgilisi ile başka birisini görmek, kadın için, tehlikeli bir rakibi olduğuna erkek içinse sevgilisinin kendisine çok sadık olduğuna, işarettir. Aşık olduğunu görmek çok mutlu olacağınız anlamına gelir. Bu rüya, çevrenizdeki insanlardan memnun olduğunuza, sıkıntıdan uzak olduğunuza işarettir.

AT ARABASI

At arabasına bindiğinizi görmek, geçici bir hastalığa yakalanacağınız anlamına da gelir.Birçok yeri ziyaret edeceksiniz.

AT

Rüyada herhangi bir şekilde at görmek, iyiye işarettir. İş hayatında yükselme, aşk hayatında iyi gelişmeler, maddi ve manevi isteklerin yerine gelmesi demektir. Ama ölü at zarara ve yakın zamanda ölüme; bağlı at mevkiinin değişmemesine; at satmak kavgaya; at dövmek hapse girileceğine,suda at dedikoduya işarettir.

ATEŞ

Ateşinizin çıktığını görmek, hayattın asıl güzellikleri varken sizin gereksiz işlerle uğraştığınız anlamına gelir. Kendinize biraz çeki düzen verip daha verimli olmaya çalışın. Başından ateş çıkması, önemli bir hastalık geçirmeye, evden ateş çıkması ise, işte başarı; ateşin sönmesi, evden yaşlı birinin vefatına; evin yanması hakkedilmeyen bir zenginliğe; ateş içinde olmak, önemli birilerini korkutmaya; ateş söndürmek, iyiliğe; sobada veya ocakta ateş görmek rüyayı gören evli ise hamileliğine; ateşte et pişirmek dedikoduya; ateşte tencere kaynatmak, işlerin yolunda gitmesine işarettir.

ATEŞBÖCEĞİ

Yakında alacağınız bir haberden dolayı sağlığınızın düzeleceğine moralinizin düzeleceğine yorumlanır.

ATLAMAK

Bir yerden başka bir yere atlamak, sosyal statünüzün değişmesi anlamındadır. Aşağı atlamak, para durumun tamamen tersine dönmesi, yukarı atlamak, gelire ve zenginliğe; dere, hendek veya duvardan atlamak, rahata ermek demektir.

ATLAS KUMAŞ

Daha önce başladığınız bir işi başarıyla bitireceksiniz.

Atlas kumaş satın almak, eşini aldatma; atlas elbise giyinmek ise, iyi bir evlilik yapmak demektir.

ATÖLYE

Yeni bir işe gireceksiniz ve azminizle başarılı olacaksınız demektir. Riyakar bir arkadaşınızın varlığının da habercisidir.

AV

Eğer rüyanızda avınızı yakalayamadığınızı gördüyseniz, zoru başarmak için mücadele vermeniz gerekecek demektir. Avı yakaladığınızı görmek ise yakın zamanda başarıyı ve mutluluğu elde edeceksiniz demektir. Dağda avcı görmek tanımadığınız birisi tarafından uğrayacağınıza işarettir. Köpeklerle ava çıkmak güvenli, saygın ve rahat yaşamak; av köpeklerinin avdan dönmesi, işsiz kalacağınıza ve sıkıntılarla uğraşacağınıza, Yırtıcı hayvan avlamak, hasımları alt etmeye ve sorunları aşmaya; ormanda avcı: izlediğiniz yolun hatalı olduğuna işarettir.

AV KÖPEĞİ

Girişimde bulunacağınız işlerde başarıya ulaşacağınıza ve hayallerinizi gerçekleştireceğinize habercidir.

AVUÇ

Avucun temiz olması faydalı ve karlı işlerle uğraşmak anlamındadır. Alkışlamak hoş vakit geçirmek mutluluğun işaretidir.

AVUKAT

İçinde bulunduğunuz durumda hareketlerinize dikkat etmelisiniz, Düşünmeden hareket ettiğiniz takdirde çok büyük zararlara karşılaşabilirsiniz demektir.

AYAK

Bol kazançlı işe, sıhhatli ve zekice düşüncelere, azimli ve sabırlı davranışlara işarettir. Sakat ayak, kötü haber ve üzüntüye; kıllı ayak, büyük bir suçtan aklanmaya; ayak kesmek, bir iş için ödüllendirmeye; kız ayağı, işlerde başarıya; kadın ayağı, yaşam boyu zorluklara; ayak yıkamak, kar yapmaya işarettir.

AYAKKABI

Zenginlik ve servet demektir. Yeni bir ayakkabı almak veya ayakkabısını kaybetmek, kötü günlerin belirtisidir. Rahat bir ayakkabı giymek, yakın zamanda huzura kavuşulacağına işaret eder. Yırtık ayakkabı tehlikeli bir durumla karşı karşıya kalınacağına yorumlanır. Bu rüyalar genel olarak iyi sayılmazlar. Ayakkabı diktirmek, üzüntülere ve terk edilmeye; ayakkabı sıkması, çevrede bir cinayet işlenmesine; bir kadının ayakkabı çıkarması, ayrılığa; çocuk ayakkabı, işlerin kötüleşmesine işarettir. Siyah, beyaz, kırmızı ayakkabı giymek birden bire bir sıkıntıyla karşılamayı; Sarı ayakkabı hastalığı anlatır. Ayakkabıları çıkarmak çok yakında zorluklardan kurtulmayı anlatır.

AYÇİÇEĞİ

Şansın açılması ve sıkıntıların sona ermesi anlamına gelir.

AYDINLIK

Hayallerinizin gerçekleşeceğine isteklerinizin olacağına işarettir.

AYI

Zorluklarla ve sıkıntılarla karşılaşacağınız anlamına gelir.Bir kadın için bu rüya, yeni düşmanlara sahip olacağının ve bazı zorlukların oluşacağının işaretidir. Bir ayı öldürmek, sıkıntılardan kurtulacağınız anlamına gelir.

AYRILIK

Rüyada sevdiğiniz birinden ayrıldığınızı görürseniz, yeni bazı zorluklarla karşı karşıya olmanızın habercisidir. Düşman olduğunuz birinden ayrılmak, ise hayatınızın düzene gireceği anlamındadır.

AY

İş hayatında meydana gelecek bazı değişiklikler, kazançlı çıkmanıza neden olacak demektir. Aşk hayatınızda da gelişmeler olacak. Ayın yerde olması, rüyayı görenin annesinin vefat edeceğine; ayın bulutla kaplı olması, gözde bir hastalığa veya sevgiliden ayrılmaya işarettir.

AYNA

Rüyada ayna silmek ünlü olmaya; ayna sırlamak bir kötülüğe, sırları dökülmüş ayna, kazançlı bir yardım almaya; yuvarlak ayna:dedikodular yüzünden üzülmeye; çerçeveli ayna:para kaybına; kırık ayna, eşin ölümüne;aynanın kayıp olması:büyük paralar kazanmaya işarettir.. Rüyada aynaya bakmak, yeni bir çevre ve yeni dostlar edinmeye işarettir.. Bir aynaya bakarak çok güzel olduğunu düşünen birinin önünde, mutluluk , ama aynaya bakarken solgun ve bitkin olduğunu görmek önünde sıkıntılarla dolu bir döneme girildiğine işarettir. Ayna satmak, işlerde zarara girmek demektir. Aynanın kırılması kötü bir haber alınacağını belirtir

AYVA

Rüyada ayva görmek, içinde bulunulan durma göre hastalık, hastalıktan kurtuluş, yolculuk, doğum, işte başarı ve kazancı işaret eder.Ayva ağacı, faydasız bir arkadaşlığa;ayva sıkmak, kazançlı bir iş gezisi sonucunda para kazanmaya işarettir.

AZRAİL

Azrail'e selam vermek, bu dünyada daha çok çekeceğiniz var anlamına gelir. Azrail'i can alırken görmek, uzun bir hayat yaşacağınıza işarettir. Azrail'i gülerek görmek, acısız bir vefat; kızgın görmek acı çekerek ve ızdırap içinde öleceğinize işarettir.

BABA

Rüyasında babası tarafından sevildiğini gören kimse önünde hayırlı bir yol açılacak demektir. Sorunların üstesinden gelineceğine işarettir. Rüyasında babasını gören kimse güç bulur ve olayların üstüne cesaretle gidebilir. Böylece sorunlardan sıyrılır. Rüyayı gören kişinin babası yaşıyorsa bu işbirliği mutlu edecektir. Babası ölmüşse, bir süre sonra bir müjde ve sevilen biri gelecektir.

BACAK

Güzel ve şekilli bacaklar görme mutluluk ve dost edineceğinizin habercisidir. Hastalıklı veya özürlü bacaklar, fakirlik ve hayal kırıklığı demektir.

BADANA

Badana yapıyor görmek sorunların aşılması ve rahat bir hayat anlamına gelir. Rüyada badanacı görmek ise oturulan evin satılması anlamına gelir.

BAĞIRMAK

Bağırarak yardım istediğinizi görmek başınıza tehlikeli bir olay geleceğine işarettir.

BAĞLAMAK

Birini bağlamak sizi kıskananların artmasına rağmen başarılı olacağınız anlamına gelir. Bir düşmanı bağlamak para kazanacaksınız anlamındadır. Ancak bu para gayri meşru yollardan da kazanılabilir. Köpek bağlamak iyi giden işlerin bozulması; bir direğe bağlamak, parasızlık çekmeye ve kolay yoldan para kazanma girişimlerinin hüsranla sonuçlanacağı anlamına gelir.

BAĞ
Mutluluk ve başarıya işarettir.

BAHARAT
Birinden zarar görmeye ve hastalığa işarettir.

BAHAR
Bahar mevsimini görmek aşk hayatınızın güzel olacağı anlamına gelir.

BAHÇE
Rüyada bahçe görmek, çok güzel, sağlıklı, mutlu ve başarılı bir döneme girildiğini, emellerin yerine geleceğini belirtir. Bahçeye ağaç dikmek, rahat ve huzur içinde geçireceğiniz bir ömre işarettir. Bahçe sulamak, bahçeyi kazdığınızı görmek ise:geçim sıkıntısına düşeceğiniz anlamına gelir.

BAHÇIVAN

Bol ve sürekli gelire kavuşacağınız anlamındadır. Geveze bahçıvan, çöpçatan bir kimseyi belirtir. Bir bahçıvandan bir şey alan kimse, yararlı, değerli bir şey duyar. Bahçıvan tutmak bir rahatsızlık geçireceğiniz anlamına gelir. Rüyasında bahçıvan gören kişi büyük hayır işler. Bu rüya onun temiz, iyi ve makbul biri olduğunu açıklar. Bu insan yaptığı iyiliklerin karşılığını mutlaka görür.

BAHŞİŞ VERMEK

Rüyada bahşiş vermek kaybolan bir şeyin bulunmasına, küçük miktarda bahşiş vermek büyük bir sıkıntıyı sorunsuz atlatacağınıza; büyük miktarda bahşiş vermek ise, saygınlığın artırmasına ve yapılan işte ilerlemeye işarettir. Herkese bahşiş dağıtmak ticarette başarı kazanacağınıza işarettir.

BAKIR

Üst pozisyonlarda çalışan kişiler tarafından ezileceksiniz demektir.

BAKKAL

Çok dürüst bir kişiliğe sahip olduğunuza ve kimsenin hakkına göz dikmediğinize işarettir.

BAKLA

Kuru bakla sakin ve huzurlu bir hayat yaşayacağınıza işarettir. Üzüntü ve sıkıntı çekeceğinize işarettir. Baklacı kötü sözler duyacağınız anlamına gelir. Bakla yemek ticari durumunuzun sarsılacağına işarettir.

BAL

Zenginliğin gösterir. Rüyada bal yiyorsanız, bu hem zengin olacağınız hem de aşk hayatınızda şanslı olacağınız anlamındadır. Bal yalamak evlenmeye, birine bal vermek iflas edeceğinize, bal yapmak gerçekleşemeyecek hayaller kurmak, süzme bal görmek geçim sıkıntınızın biteceğine ve güzel günlerin yakın olduğuna işarettir. Bal satmak birden bire alacağınız kötü bir haberle acı çekeceğiniz anlamına gelir.

BALDIZ

Ev içinde huzursuzluk çıkacak, aile arasında yaşayacağınız sorunlar canınızın sıkılmasına neden olacak demektir.

BALE

Evliliğinizde bazı sorunlar görülecek . Eşinizde siz de birbirinize sadık olmayacaksınız. Bu rüya evli olmayanlar tarafından görülürse sevgililer arasında kavgaya işaret eder.

BALIK

Balık daima kısmet sayılır. Canlı balık görmek, aşkta ve işte şansının açıldığı anlamındadır. Balık yediğini görmek, mülk ve çocuk sahibi olacağına, suda balık avlamak iç açıcı bir haber duyacağına, balık sürüsü görmek yönetici durumuna gelineceğine işarettir. Balık tuttuğunu gören kimsenin eline toplu para geçer. Çok sayıda balık tutmak büyük servet demektir. Suda yüzen balıklarda yaklaşan kısmetlerdir.

BALKON

Rüya sahibinin arkadaş ya da akrabalardan kötü haber alacağının da işaretidir.Balkonda durmak veya balkon görmek, ayrılığın habercisidir. Bu rüyayı gören kişi genelde sevgilisinden ayrılır.

BALON

Her konuda yanlış kararlar alacaksınız ve her işiniz aksi gidecek.Amaçlarınıza ulaşamayacaksınız.

BALTA

Rüyada balta görmek, sıkıntılı yaşanılan konuda yardım geleceğini, sağlığı kötü ise sağlığına kavuşacağını belirtir. Balta vurmak amaçlarınıza ulaşmak için çok çaba sarf etmeniz gerekecek demektir. Kırık balta, hastalık olacağına ve para kaybedileceğine işarettir. Rüya sahibi bir kadınsa, zengin olmayan fakat çok iyi kalpli biriyle evleneceği anlamına gelir.

BAMYA

Artık şanslı bir döneme girdiğinizin habercisidir.

BANKA

Bankada çok para görmek, zengin olacağınızın işaretidir. Banka görmek para kaybedileceğine işarettir. Para çekmek, para açısından rahatlayacağınız ve iş hayatında başarılı olacağınız anlamına gelir.

BANYO YAPMAK

Rüyayı gören hamile bir kadın ise çocuğunu düşürme tehlikesiyle karşı karşıya demektir. Rüya sahibi genç ise, karşılıksız bir aşk yaşayacak sevgisinin karşılığını göremeyecek ve mutsuz olacak demektir.

BARAKA

Sonunda para kaybı olan kötü bir durumla karşılaşacağınıza işaretidir Barakada oturmak:evdeki huzurunuzun bozulacağına işaretidir.

BAR

Bara gitmek, para kazanmak için yasal olmayan yollara baş vuracağınız ve bunun sonucunda da olayların sizin açınızdan olumsuz gelişeceği anlamına gelir.

BARDAK

Dolu bardak iyi haber anlamına gelir. Bardak güven vermemeye veya bir yardımcı anlamına gelir. Boş bardak, iyi giden evliliğinizin bozulacağı ve çok sıkıntı çekeceğinize işarettir. Bardak kırmak, ev içinden birinin ölümüne işarettir.

BARIŞMAK

Yaşanılan küskünlüklerin büyümesidir.

BARUT

Barut patlatmak, genç biri ile ilişkiye girmek anlamındadır.Çevrenizde sevilen biri olmanıza işarettir Barut dumanı, uzaktaki bir arkadaştan haber gelmesi anlamına gelir.

BASAMAK

Basamaktan çıkmak yakın bir gelecekte hayatın düzene girmesine basamakta oturmak ise şansın bir süre daha kapalı kalmasına işaret eder.

BASKI

Rüyada baskı yapılırken görmek,İlmi alanda önemli bir başarıdır.

BAŞ AGRISI

Birine yaranmaya çalışmak veya yalancı şahitlik yapmaktır.

BAŞÖRTÜSÜ

Rüyasında başına bir başörtüsü, takan kız hemen evlenir. Yeşil eşarp, mutlu bir aşk evliliği, kırmızı, beyaz, siyah baş örtüleri ani evlilik anlamına gelir. Mor eşarp tanınmış önemli bir evliliktir. Ancak gri, bej ve rengi güzel olmayanlar ise evliliğin mutluluk getirmeyeceğini bildirir.

BATAKLIK

Sahtekar insanlarla tanışacak, zarara uğrayacaksınız. Rüyada bataklıkta olduğunu görmek, sıkıntılı bir dönem geçireceğinin işaretidir. Bataklıktan çıkmak, iş hayatında küçük bir ilerlemeye işarettir.

BATMAK

Bir tekne içinde batmak,yaşantınızın birden bire aksi istikamete döneceğine ve sorunlu günler geçireceğinize işarettir.

BATTANİYE

Rüyada temiz battaniye veya yorgan görmek, işlerinizin yoluna gireceğini, sağlığınızın iyi olacağı anlamına gelir. Battaniye veya yorgan kirli ise, çevrenizde sizi kıskananlar var demektir. Yırtık battaniye veya yorgan görmek, farkında olmadan yerine getiremediğiniz bir sözünüzden dolayı bir yakınınıza zarar geleceğine işarettir.

BAVUL

Rüyada ne şekilde olursa olsun bir bavul görmek, mutlaka yolculuğa işarettir. İçi dolu bavul, kötü bir haber; boş bavul, planlanan yolculuğun bazı sorunlar yüzünden olmaması anlamındadır..

BAYILMAK

Rüyada bayılırsanız üzücü bir haber alacaksınız demektir. Bayıldıktan sonra ayılmak, haberin etkisinden çabuk kurtulup, üstesinden gelineceğinin işaretidir. Aile içinde hastalığın, üzücü haberler alacağınızın işaretidir. Sıhhatinize dikkat etmeli ve yaşam şeklinizi değiştirmelisiniz.

BAYKUŞ

Baykuş sesi duymak, yakında bir ölü haberi alacağınızı ya da uzakta yaşayan bir tanıdığınızdan kötü haber alacağınızı anlatır. Rüyada öten bir baykuş görmek, bazı insanların sizi kıskandığını ve arkanızdan kötü konuştuğunu belirtir. Eğer baykuş ötmüyorsa veya canlı değilse, işinizde başarı elde edeceksiniz demektir. Ağaçta duran bir baykuş düşman sahibi olduğunuz anlamındadır.

BAYRAK

Savaş olan bir ülkede yaşıyorsanız, savaşı kazanacağınıza, savaş olmayan ülkede yaşıyorsanız, zenginliğe işarettir.Rüyada bayrağı dalgalanır görmek, şanslı bir dönemde olduğunuzu belirtir. Durgun, sarkan veya yarıya kadar çekilmiş bir bayrak, sorunlu günler yaşayacağınıza işarettir.

BAYRAM

Zorlukların aşılacağına huzurlu bir hayata geçileceğine, rahat ve bolluk içinde bir yaşama ulaşılacağına işarettir.

BEBEK

Bebek haberdir. Eğer bebek güzelse iyi bir haberdir. Çirkin, cılız, sıska bir bebek kötü haber veya dedikodudur. Üstü başı kirli bir bebek yakın zaman sonra para geleceğine işarettir. Ağlayan bir bebek sevilen kimsenin tatlı sözleridir. Rüyada yeni doğmuş bebek görmek, sıkıntılı bir dönem geçirileceği ama bu sıkıntılı günlerin sonunda iyi günlerin geleceğine işarettir. Oyuncak bebek, güzel bir yere davet edileceğine, bebeği hediye ediyorsa, sonradan pişman olacağı bir iş yapacağına yorumlanır.

BEDDUA

Hal ve hareketlerinizdeki yanlışlıklar nedeniyle mahcup olacağınıza işarettir.

BEKÇİ

Rüyada bekçi görmek, kuvvet ve kudrette artışı belirtir. Mal sahibi ulunacağına yorumlanır.

BEKLEMEK

Kendinizi birisini beklerken görmek, bilimde ilerlemeye veya dini inançlarınızın azalacağına işarettir.

BELGE

Resmi belge görmek, bir arkadaşın ya da ailede birinin evlenmesine, ya da tapuyla ilgili işiniz olacağına işarettir. Okuldan belge verilmesi, hiçbir zaman uğraştığınız işlerin yolunda gitmeyeceğine ve her alanda başarısız olacağınıza işarettir.

BERBER

Büyük uğraşlar sonucu, başarı ve şans sizinle olacak. Berberde tıraş olmak: zorlukla kazandığınız parayı olumlu işlerde kullanamayacağınıza işarettir.. Berbere gitmek bir hastalığa yakalanacağınız anlamına gelir. Eşin berberde görülmesi karınızın sizi avucuna almak istediğine işarettir

BEŞİK

Beşiğin içinde güzel bir bebeğin yatıyorsa bu, zenginliğe ve şansa yorumlanır. Beşik sallamak ise hastalığın habercisidir.

BEYAZ KÜRK

İyi bir şansın ve başarının habercisidir.

BEYİN

Beyin yiyorsanız, bazı bilgiler edinip bundan karlı çıkacaksınız. Hayvan beyni görmek, psikolojik durumunuzun yakında bozulabileceğine işarettir. Eğer kendi beyninizi gördüyseniz, durumunuzdan ve çevrenizden memnun olmadığınızın işaretidir.

BEZELYE

Zenginliğe ve sağlıklı bir yaşama işaret eder.

BIÇAK

Kavganın ve ayrılığın işaretidir. Bu rüya, iş hayatınızda zarar edeceğinizin habercisidir. Rüyada elinde bıçak tutmak, güç ve zenginliğin sürekli olacağına, bıçakla bir şey kesmek, eline para geçeceğine işarettir. Bıçak kaybetmek veya saklamak olası tehlikelerden kurtulacağınıza işarettir. Bıçağı kırmak işlerin yolunda gitmesi, bıçak taşımak insanlardan zarar görmemek için dikkatli olmanız gerektiğine, ölümle burunu buruna gelebileceğinize işarettir.

BIYIK

Rüyada bıyıklı olduğunuzu gördüyseniz, bu bencil olduğunuzun işaretidir. Sahtekarlığa uğrayacağınız anlamına da gelir. Koparılması yoksulluğa işarettir. Bıyığın uzaması üzücü, kesilmesi kötü bir haber anlamına gelir. Birinin bıyığını çekmek o kişiye zarar vereceğiniz anlamına gelir. Kara, uzun bıyık kazancın artmasıyla para bakımdan ferahlayacağınız anlamına gelir.

BİBER

Dedikoduya ilginiz başınıza büyük sorun açacak. Etrafınızdaki insanlara dikkat edin ve olur olmaz herkese güvenmeyin. Biber satmak hasta iseniz, iyileşeceksiniz, biber almak geçim sıkıntısı yaşayacağınıza işarettir. Rüyada biber yemek, yapacağı bir iş nedeniyle pişman olacağına işarettir

BİLARDO

Bilardo masası veya oynadığını görmek, sıkıntının işaretidir.

BİLET

Çekinerek çıkacağınız yolculuktan rahat bir şekilde döneceğinize işarettir

BİLEZİK

Erken bir evlilik yapacağınızın habercisidir. Altın bilezik bir miras veya yüklü bir paraya kavuşacağınıza, bilezik çıkarmak arkadaşlarınızla aranızda çıkacak bir soruna, hediye etmek yakınlık kurduğunuz bir kadınla aranızda problemler çıkacağına, gümüş bilezik daha çok para katacağınıza işarettir. Bir kadının bilezik takması rızkın bol olduğuna ve mutlu bir haber alacağınıza işarettir.

BİNA

Güzel bir bina gördüyseniz, çok güzel ve uzun bir hayatınız olacak demektir. Yolculuklara çıkacak, mutlu bir yaşam süreceksiniz. Hasarlı bir bina, sağlığın bozulacağına işarettir. Bina boyamak alacaklıların sıkıştırması yüzünden eski borçlarınızı ödeyeceğinize, binanın yanması hakkınızda kötülük düşünenleri alt edeceğinize, binada çalışanlar görmek karı koca arasında sorunlar çıkacağına ve ayrılığa kadar gideceğine işarettir

BİRA

İçtiğinizi görmek, hayal kırıklığına uğrayacağınızın işaretidir. Eğer başkaları içiyorsa bu, bazı gizli hasımlara sahip olduğunuz anlamına gelir

BİSİKLET

Rüyada bisiklet sıkıntıdan sonra gelen ferahlık anlamındadır. Çok karışık bir sorunla karşılaşılacağı bazı yanlışlar yapılacağı ancak sonuçta sorunun aşılacağına işarettir. Bisiklete bindiğini gören kimse, kendi çabasıyla sorunların üstesinden gelecektir. Bir bisiklet alan kimse ise, bilerek sorumluluk yüklenecek ve bunun sayesinde işinde sivrilecektir.

BİSKÜVİ

Hayırlı bir seyahate çıkacağınız anlamına gelir. Bu seyahat sayesinde hem siz hem yakınlarınız karlı çıkacak.

BİT

Rüyada bit öldürmek, bir yakınınıza karşı acımasızca davranacağınıza işarettir. Bit sirkesi ise fesatlık ve kötülük anlamına gelir. Bitlenmek bol paraya kavuşacağınıza ve dostlarınızın birden artacağına işarettir. Bitler tarafından sarılmak sermayenizin sürekli artacağına ve her geçen gün daha iyi duruma geleceğine yorumlanır. Üzerinden bit dökülmesi paranızın bol olduğu için bir çok arkadaşınız olacağına işarettir.

BODRUM

Sıkıntıların sürmesine ve sadaka vererek sevap işlemeniz gerektiğine işaret eder.

BOĞA

Boğa güreşi olumlu yönde bazı değişikliklerin olacağının

habercisidir.Rüyada kızgın bir boğa görmek, kötü bir olayla karşılaşılacağına işarettir.

BOHÇA

Uzak ve beklenmeyen bir yerden ummadığınız bir misafir gelecek demektir. Dolu bohça zenginlik, bohça kaybetmek sıkıntıların başlaması ve aşk hayatının kötüleşmesine işarettir.

BOMBA

Boş yere para harcayıp sonra bunun sıkıntısı çekmek anlamına gelir. Bombayı patlamış görmek fakirliğe ve işlerin bozulmasına işarettir. El bombası bir sır yüzünden aile içinde kavgalara işarettir. Büyük bir bomba görmek işlerini birinin emri altında yönetmeye habercidir. Bomba satmak zenginlik içinde bir yaşama işarettir. Bir yeri bombalamak saygınlığın artmasına yorumlanır. Bomba satın almak sağlığın hafif şekilde bozulacağına, kutu içinde bomba görmek sıkıntılı günlerin geldiğinin habercisidir. Bombayı kurcalamak bir tehlikeyle karşı karşıya olmaya yorumlanır.

BONCUK

Meydana gelmesinden korkulan bir olayın gerçekleşmesinin habercisidir. Rüyasında bir yerden boncuk alan genç bir kız aşık olur. Evli kadın içinse eşinden duyacağı tatlı sözlerdir. Erkek için ise bu rüya gizli bir ilişkiye işarettir. Yeşil boncuk başarılı olunacağına, sarı olayların planlandığı gibi gitmemesine, mavi boncuk iyi bir habere, pembe birinden yardım istemeye, kırmızı boşa para harcamaya, siyah bir hastalığa anlamındadır.Rüyada boncuk görmek, yakın çevreden birinin kötü bir olayla karşılaşacağına işarettir.

BORAZAN

Bu müzik aletlerini rüyada sadece görmek, bir yakınınızın kısa bir hastalık geçireceğine işarettir.Rüyada borazan veya başka nefesli sazları çalmak, sıkıntılı bir meselenin anlaşmayla sonuçlanacağına ve tatlıya bağlanmasına işarettir. Borazan sesi işitmek, işinizde ilerlemeyi işarettir.

BORÇ

Kendinizi borçlu ya da alacaklı olarak görmek dostlarla ilişkilerin iyileşmesine ya da kötüleşmesine işarettir. Borcunuzu ödediğinizi görmek ayrılıkların sona ereceğine yorulur. Fakir birisinin dertlerine çare bulmaya ve zor durumdaki insanlara yardım edeceğinize işarettir. Borç vermek maddi imkanların dar olduğu sırada bir aşk yaşamak anlamına gelir.

BORNOZ

İş yaşamınızdaki sorumluluklar üslendiğiniz anlamına gelir. Bornoz giymek sorumluluğu çok büyük bir iş alacağınız anlamına gelir. Bornoz satmak önünüze gelen ciddi bir iş fırsatını kaçıracağınız anlamındadır. Bornoz dikmek yeni ve karlı bir işe girmek demektir. Yeni bir bornoz çalıştığınız işin ilerisi için çok kazançlı olacağına işarettir. Eski ve kirli bir bornoz aldığınız işe dikkat etmeniz gerektiğine, yoksa sonunun hayal kırıklığına uğrayabileceğinize işarettir.

BORSA

Borsa ile ilgilendiğinizi görmek, geleceğinizin çok güzel olacağına ve büyük paralar kazanacağınıza yorumlanır.

BORU

Su borusu para kazanmak ve bereket anlamındadır. Boru çalmak, dedikoducu ve iftiracı birinin kişiliğinin ortaya çıkması anlamına gelir. Borudan su akmasını engellemek işlerin bozulmasına ve zarar edileceği demektir. Boru sesi duymak yalan nedeniyle kötü haber alacağınız anlamına gelir. Boru üretmek zorlukların sona ermesine ve işlerin iyiye gitmesine işaret eder.

BOSTAN

Kadın demektir. Birinin bostanını sulamak yasak ilişkiye girmek anlamına gelir. Sonbaharda bostanda olmak:aile içinde bir üzüntüye,para açısından sıkıntıya veya bir vefat anlamına gelir.Bakımsız bir bostan:bir olaydan dolay çok acı çekeceğinize işarettir.Bostanda ağaç görmek:çok zengin bir kadınla evlilik,verimsiz bir bostan görmek:evliliğin boşanmayla biteceğine işarettir.

BOŞANMA

Boşandığınızı görmek, evliliğinizde bazı sıkıntılar olduğu anlamına gelir. Bekarsanız sevgilinizden ayrılacağınız demektir.

BOYA

Sermayenizi yitireceğiniz anlamındadır. Boya satmak, dostlarla iyi bir geleceğe işarettir. Satın almak işlerin bozulmaması için tedbirler almanın gerektiğine işarettir. Rüyada boya yapmak, çevrenizdekiler üzerinde güçlü etkiler sağlayacağınız bir sürece girdiğinizi gösterir.Boya üretimi yapmak aile içinde veya sevgililer arasında kavgalara anlaşmazlıklara haber verir. Kumaş boyası üzüntüyle bitecek olan bir mutluluğa yorumlanır. Boya dökmek kötü niyetli biriyle karşılaşmak anlamındadır. İş yeri boyamak bir yardım görmeye yüz boyamak hasımlardan gelecek tehlikelerin varlığına yorumlanır. Gemi boyamak mutluluk ve ferahlığa; ayakkabı boyamak problemlerle boğuşmaya; ev boyamak aşk hayatında sıkıntıların olduğuna işaret eder. Evde boyacı görmek, o evden birisinin ölümüne habercidir.

BOYNUZ

Arkadaşınızla problemleriniz olacak ve yollarınızı ayıracaksınız. Kesik boynuz bir zorlukla karşılaşacaksınız demektir. Para kaybedeceğiniz anlamına da gelir. Kendinizi boynuzlu görmek maddi ve manevi olarak çok iyi durumda olmanız sizi tanıyanların kıskançlığına neden olduğu anlamına gelir.

BOZUK PARA

Başarısızlıkla sonuçlanacak iş sözleşmeleriniz olacak. Aşk hayatında da büyük problemlerin sizi beklediğinin habercisidir. Bozuk para bulduğunu görmek, hayatınızın düzene gireceği anlamındadır.

BÖCEK

Geveze biriyle evlilik veya küçük bir hasımlık demektir. Böcek yemek mutsuz geçecek bir evliliğe işaret eder. Böcek öldürmek sıkıntılardan uzak ve rahat bir yaşama yorumlanır.

BÖREK

Bir söylenti duyacaksınız demektir. Börek almak iyi parası kazanabileceğiniz işe gireceğiniz anlamındadır. Börek satmak insanlara faydalı bir iş yapmaya işarettir. Börek yapmak güzel ve karlı bir işe girmeye haber verir.

BUĞDAY

Eve buğday almak, geçim sıkıntısının haberidir. Alınan buğdayın yenilmesi ise, para kazancına işarettir.

BUHAR

Güzel habere işaret eder. Buhar banyosu yapmak ise sağlıklı ve mutlu bir yaşam anlamındadır.

BULAŞIK

Kendinizi bulaşık yakarken görmek, çok günah işlediğinize ve sonunda günahkar olduğunuzun farkına vararak pişman olacağınıza ve tövbe edeceğinize, Allah yolundan ayrılmayarak ruhunuzu rahatlatacağınıza işarettir.

BULMACA

Hayatınızda bazı huzursuzluklar karışıklıklar, huzursuzluklar ve yanlış anlaşmalar olacak.

BULUT

Koyu yağmur bulutları, problemlere, kara bulut karşılaşılacak zorluklara, bulutlardan yağmur yağıyorsa, bolluk ve berekete işaret eder. Başın üstünden bir bulut geçmesi üst seviyede saygın birisinin sizi destekleyeceğine, renkli bulut mutlu bir hayata Açık renkli bulutlar, sorunların aşılmasına başarıya ulaşılacağına yorumlanır. işarettir.

BULVAR

Kendinizi bulvarda dolaşırken görmek karşı cinsten yeni birisiyle güzel zaman geçireceğiniz anlamındadır.

BURÇ

Rüyasında burçlardan birini gören garip olaylarla karşılaşır. Ayrıca aynı burçtan biriyle tanışabilir.

BURUN

İş hayatınızda ciddi ve güzel yenilikler olacak demektir. Burnunuza bir şey kaçması parasal bir zorluğa işaret eder. Burnunuzu delmek fena giden işlerinizin bir arkadaşınızın yardımıyla yoluna gireceğine işarettir. Burnunun akması sizden üst seviyede birinden bir iyilik göreceğinize yorumlanır.

BUZ

Rüyada buz görmek, iyi bir haberler duyacağınıza ve bu haberlerle sıkıntılarınızın sona ereceğine sonunda hayat şartlarınızın olumlu bir şekilde değişeceğine işarettir.

BUZAĞI

Hal ve hareketlerinizde daha temkinli olmanız gerektiğine işaret eder. Buzağı tutmak kötü olayların arkasından güzel günlerin geldiğini haber verir. Ölü buzağı iflas edeceğinizin ve borç aldıklarınızla ile mahkemelik olacağınızın habercisidir. Buzağı boğmak yarıda kesilecek bir yolculuğa yorumlanır. Buzağı pişirmek işlerde kazanç sağlamaya, buzağı yemek güzel havadise işarettir. Hasta buzağı suçu olmayan bir insanın haksız yere ceza çekmesine işarettir. Evde buzağı bir hırsızlık olayının olacağı demektir.

BUZDOLABI

Hatalı hareketleriniz ve yanlış konuşmalarınızla çok sizin için çok önemli bir kişiyi gücendirebilirsiniz. Konuşmadan önce düşünmeniz gerekir.

BÜLBÜL

Rüyada bülbül güzel, mutluluk, verecek haberdir. Evlilikte ve aşkta mutluluk belirtisidir. Bülbül ötüyorsa sevdiğinizle ilgili bir haber alacaksınız. Kafeste bülbül beslemek aile içinde kavgaya ve huzursuzluğa işarettir.

BÜRO

Büro görmek, maddi kazanca işarettir. Çok çalışmanızın karşılığını alacak, muradınıza erecek, üstlendiğiniz sorumlulukları her koşulda yerine getireceksiniz demektir.

BÜYÜ

Çevrenizde sizi kıskananların olduğuna ve bunlardan size zarar geleceğine işarettir.

BÜYÜKANNE - BÜYÜK BABA

Akıllı ve sizden daha tecrübeli bir akraba veya bir dostunuzun tavsiyelerini dinleyerek, tüm engelleri aşacak, bütün zorlukların üstesinden geleceksiniz demektir.

CACIK

Rüyada cacıkla ilgili bir şey görmek başınızdan geçecek bir olay yüzünden üzüntü duyacağınıza işaret eder.

CADDE

Rüyada cadde görmek size zarar verecek iş yapacağınıza işarettir. Bir caddede yürümek sorunların üstesinden gelerek mutlu olacağınıza yorumlanır. Caddeden ayrılmak içinde bulunduğunuz zor durumları atlatacağınız anlamına gelir.

CADI

Rüyada cadı görmek kendisinin dışında oluşan bir problemle karışıp, zor durumda kalınacağına işarettir. Bir tartışma veya kavgaya karışacağınız anlamına da gelir.

CAM

Rüyada kırık bir cam görmek önemli olmayan sorunlara işarettir. Camı kendisinin kırması hayatında çok önemli bir dönemeçte olduğuna haber verir. Cam parçasından bakmak, büyük düş kırıklığına ve iş yaşamında başarısızlığa yorumlanır. Cam satmak yaşamda tutturulan düzenin bozulmasıyla sıkıntılı günler yaşamaya işarettir. Kırık cam eşlerden birinin ölümüne; cam temizlemek hem aile hem de iş yaşamının düzene girmesi demektir.

CAMBAZ

Bir sanatta başarı elde etmek demektir. Kendisini cambaz olarak gören kişi çevresindekileri aldattığını zanneder.

CAMİ

Rüyada cami veya mescit görmek yapılan işlerde başarı kazanacağına arzuların gerçekleşeceğine işaret eder.

CAN SIKINTISI

Kendinizi canı sıkkın görmek zor günlerin biraz daha süreceğini ancak, sonrasında rahata ereceğinizi işaret eder. Birisinin sizin canınızı yaktığını görmek size acı bir haber geleceği anlamına gelir.

CANAVAR

yeni olay ve haberlere, duygularınızla yaklaştığınıza yorumlanır. Olaylar karşısında duygusal davranmamalı içgüdülerinizle hareket etmemelisiniz daha mantıklı olmalısınız demektir.

CASUS

Rüyada casus görmek iyiye yorulmaz. Casus olmak sabır göstermediğinizden işlerinizin bozulmasına ve aklınızın başka işlerle meşgul olduğuna işarettir. Bir casusla karşılaşmak huzura kavuşmak için insanlardan uzak olacağınız bir yerlere yolculuğa çıkmaya yorulur. Casusa sır söylemek arkadaşlarınızdan birisinin arkanızdan konuştuğuna delalettir.

CEHENNEM

Rüyada cehennem görmek ve aile içi huzursuzluk belirtir. Cehennemde olduğunu görmek, bir kişinin sizi kötülük yapmak için kışkırtacağı anlamına gelir. Böylece, para durumunuz bozulacak hem de psikolojiniz sarsılacak demektir.

CEKET

Rüyada yeni ceket iyi bir fırsat demektir. Bu rüyayı görenler güzel bir işe girer. Ceketinin söküldüğünü görmek iş değişikliğini belirtir. Ceketin aniden yırtılması işten hemen para kazanılacağına işarettir. Ceket çıkarmak işte ve çevrede değişikliği belirtir.

CELLAT

Kendisine ahlaksızlığı iş edinmiş kötü kimsedir. Hastalık nedeniyle üzüntüye ve acıya ya da emellerinizin gerçekleşmeyeceğine işarettir. Aileden birisinin yada çevrenizden bazılarının kötülük peşinde koştuğunun habercisidir. Cellat başı gördüyseniz çok temkinli olmanız gerekir.

CENAZE

Rüyada cenaze görmek iyidir. Bir cenaze gören kişi uzun zamandır haber alamadığı biriyle karşılaşır demektir. Cenazeye katılan kişi hayatında güzel bir yenilikler yapar anlamındadır. Kendi tabutunu görmek ise mal ve para kazanılacağının haberidir.

CENNET

Sizi seven yardımınıza koşan iyi dostlara sahipsiniz demektir. Eğer sağlığınız bozuksa ya da sıkıntı çekiyorsanız, yakında durumunuz düzelecek anlamına gelir. Cennete girmek mutlu ve rahat bir hayat, cennetten kovulmaksa rahatsızlık demektir. Cennet melekleriyle konuşmak işinizde iyi bir yere sahip olarak iyi bir evlilik anlamına da gelir.

CEP

Yakınlarda bir hırsızlık olayı olacağına işarettir.

CEPHE

Yaşamınızda zorluklarla karşılaşacaksınız ancak bu zorluklar kısa süreli olacak demektir.

CERRAH

Dertlerinizden sıyrılacaksınız demektir. Cerrah sizi tedavi ediyorsa iyi bir insanla tanışacağınıza ve bu insandan çok büyük destek göreceğinize işarettir.

CESARET

Yılmadan uğraşmaya sonunda başarı geleceğine yorulur.

CESET

Yakınlarınızdan birinin ölümüne işarettir.

CEVİZ

Rüyada ceviz yemek para kazanmak demektir. Ceviz toplamak aile yaşantınızın mutlu olmasının belirtisidir. Çürük ceviz birisinin sizi kandırılacağını belirtir. Ceviz ağacı: kötü ve açgözlü bir adamla karşılaşacağınıza yorulur. Ceviz ağacından düşmek ise başınız belaya girecek ancak kurtulacaksınız anlamına gelir. Ceviz koparmak mecburi bir seyahat nedeniyle sevdikleriniz ayrı kalacağınız anlamındadır. Kurumuş ceviz ağacı para durumunuzun bozulacağını işaret eder. Ceviz ağacı yıkılırsa yakınlardan boyu uzun birisinin ölümünü haber verir.

CEYHAN NEHRİ

Rüyada Ceyhan nehrini görmek güzel yorumlanır. Zenginliğe, berekete kavuşmaya, üzüntülerden ve dertlerden kurtulmaya işarettir.

CEYLAN

Evlilik,muyluluk,güzellik zarafet ve aşka işarettir.Ceylan vurmak:bir kadının avucuna düşmek,ormanda ceylan görmek:sonu hüsran olan karşılıksız aşka yorumlanır.Ceylan sürüsü görmek: yeni bir işe atılacağınıza işarettir.

CEZA

Uzun süredir gösterdiğiniz çabalarınız sonucunda işleriniz düzeleceğine ya da çok değer verdiğiniz birisinin hatıralarının hiçbir zaman kalbinizden silinmeyeceğine işarettir.

CEZVE

Rüyada cezve görmek dedikodu, asılsız ve kötü söz demektir. Cezve bakırsa bu dedikodulardan sonra müjdeli bir haber gelebilir anlamındadır.

CIMBIZ

Rakip durumunda olduğunuz kişilere karşı becerileriniz sayesinde üstünlük sağlayacağınız demektir.

CIRCIR BÖCEĞİ

Uluorta konuşmalarınız sizi tartışmalı ortamlara girmenize sebep olacak demektir. Cırcır böceğini öldürmek ise, yüksek bir mevkiye işarettir.

CIVA

Yarım kalmış bir işiniz olduğuna gönül işlerinizde başarısızlığa uğrayacağınıza yorulur. Cıva almak emellerinize ulaşamayacağınızı belirtir. Barometrede cıvayı yüksek görmek ticaret hayatınızda, işlerinizde başarı kazanacağınıza işarettir. Alçak görmek ise tam tersi anlamına gelir. Cıva içmek gizi bir olayın insanlar tarafından öğrenilmesi demektir. Cıva satmak sıkıntılarınızı çevrenizdekilere başkalarına yansıtmaktır.

CİLVE

Size yapılıyorsa:gerçekleştiremeyeceğiniz bir iş için yalan söylemek, siz yapıyorsanız ise, birilerine özlem duyuyorsunuz demektir.

CİNAYET

Cinayet işlediğinizi görürseniz, zor günler geçireceğiniz ve bütün işlerinizde hüsrana uğrayacaksınız demektir. Eğer kendinizi savunmak için cinayet işlediyseniz, iş hayatınızda başarılar kazanacağınız, yükseleceğiniz anlamındadır.

CİN

Hileci aşağılık bir kişiyi belirtir. Cin çarpması haram bir mal edilmesine ve büyülerle uğraşılmasına yorumlanır. Evde cin görmek evinize ve malınıza kötülük geleceğine işarettir. Cinden yardım istemek çeşitli maceralara atılma isteğinde olduğunuzu işaret eder.

CİNSEL İLİŞKİ

Rüya gören erkekse amaçlarına kavuşup, işinde ilerleyeceğine; rüya gören kadınsa sıkıntılı bir dönem geçireceği, ancak temkinli dikkatli olursa tekrar huzura ereceğine işarettir.

CİRİT

Hayatınız başarılarla dolu olacak bu sayede mutluluğunuz artacağı anlamındadır.

CİVCİV

Rüyada yumurtadan civciv çıktığı görülürse yaşamınıza renk katacak değişimlere hazırlanıyorsunuz demektir. Kümeste veya bahçede görülürse berekete ve kısmete işarettir.

CUMHURBAŞKANI

Umduğunuzdan da fazla mutlu olacaksınız demektir.

CÜCE

Rüyada cüce görmek arzularınızın olacağına, dertlerinizi azalacağına, ummadığınız kazançlar elde edeceğinize işarettir.

CÜMBÜŞ

Güzel günlerin sona erdiğinin zor bir döneme girildiğinin, büyük sıkıntılar çekileceğinin; ama bir süre sonra tekrar rahata kavuşulacağının haberini verir. Cümbüşten dönmek beladan kurtulmak demektir. Cümbüşe davetli olmak ise aslında davet edenlerin kötü niyetli olduğu bu nedenle de tedbirli olmanız gerektiğini işaret eder.

CÜZDAN

Cüzdan bulmak maddi veya manevi açıdan kazanç sağlayacağınıza işaret eder. İçi para dolu cüzdan bulmak ise, şansınızın arttığı döneme işaret eder.Cüzdanınızı kaybettiğinizi gördüyseniz, yakın bir dostunuzla kavga edeceğiniz anlamına gelir.

CÜZZAM

Sıkıntılarınız sona erecek, artık yaşamınız rahatlık ve huzur içinde olacağına işarettir.

DAĞ KEÇİSİ

Şahsiyetten yoksun ve ahlaksız bir kişiyi temsil eder. Etinden yemek devletten haber alacaksınız anlamına gelir.

DAĞ YOLU

Sıkıntılardan ve üzüntülerden kurtulacağınıza ya da başkalarına karşı düzenbazlığa işarettir.

DAĞ

Rüyada dağ genelde hayra yorulur. Bir dağa tırmandığını gören kimse, çok büyük emek vererek, kendi gücüyle hedeflediği şeylere ulaşacak demektir. Dağdan yuvarlanmak veya düşmek kendi gayretiyle çıktığı mertebeden yine kendi hataları yüzünden ayrılmak anlamındadır. Dağları seyretmek, üstesinden gelmesi zor olan bazı işleri çözdüğünüz için ödüllendirileceğiniz anlamına gelir.

DAİRE

Bir dairede çalışıyor görmek tayin olacağınız anlamındadır ancak bu tayin sizin isteğiniz dışında gerçekleşecek. Genç biri için ya düğüne ya da bir eğlenceye işarettir. Yaşlı biri için eline toplu bir para geçmesi demektir.

DAKTİLO

Farkında olmadan yaptığınız hataların sonunda size yarar geleceğine işarettir. Dul bir kadın için varlıklı ve iyi kimse ile evleneceğinize ve mutlu olamayacağınıza işarettir. Bu rüyayı görürseniz ertesi günü neşeli geçirirsiniz.

DALGA

Rüyada dalgalı deniz görmek başarının zorluklarla mücadeleler sonrasında geleceğini belirtir. Bekar biri için bu rüya aşk hayatında sorunlar yaşanacağına işarettir. Dalgalarla boğuşan bir insan, çok önemli bir fırsatı değerlendirerek birden yükselir anlamındadır. Dalgalı denizde yüzmek bol para kazanmak demektir. Dalgaların kıyıya çarpması uzaklardan bir kısmet geleceğini haber verir.

DALMAK

Denize dalmak riske girmemelisiniz yoksa mal kaybına uğrayabilirsiniz demektir.

DAL

Yapraklarla dolu dallara bakmak, sabırlı olursanız muradınıza ereceksiniz demektir.

DAMLA

Yağmur damlası görmek bereketinizin sürekli bol olacağı ve sizinde kanaatkar olduğunuzu belirtir.

DANA

Çevrenizdekilerin ve yakınlarınızın saygısını, sevgisini ve güvenini kazanıp, para açısından ferahlığa kavuşacağınız anlamındadır. Dana almak bol kazanç ve saygı görmek demektir.

DANS

Bu rüyalar iyi yorulmazlar. Ancak rüyasında güzel bir yerde, çok tatlı bir müzik duyarak dans edenleri seyreden insan için bir kısmet var demektir.Dans hatalı düşünceler, duygular nedeniyle sıkıntıların geleceğini belirtir. Rüyasında dans ettiğini gören kimse zor duruma düşecektir.

DANTEL

Bir düşmanınızla problemler yaşayacaksınız demektir. Güzel işlenmiş dantel, iyi haberlerin işaretidir. Dantel örmek bir şeylerin ters gideceğini ve bu nedenle para bakımından sıkıntılı günler yaşayacağınızı belirtir.

DARBUKA

Üzüntü ve kedere, bununla yansıra üne,evliliğe ve kayıp bir kişinin geri dönmesine veya küçük de olsa bir hediye alacağınıza haber verir.

DAVET

Bir yere davet aldığınızı görmek, iyi olmayan bazı olaylarla karşılaşacaksınız demektir.

DAVUL

Davul görmek, insanlarla iyi ilişkiler kurup birçok arkadaş sahibi olacağınız anlamındadır. Uzaktaki bir akrabanızdan mutluluk veren haber geleceğine ve yaşamınızı değiştirecek beklenmedik bir olayla karşılaşacaksınız demektir işarettir. Davul sesi duymak, uzaklarda yaşayan bir arkadaşınızın yardıma ihtiyacı olduğunun belirtisidir.

DEDEKTİF

Yakında paraya kavuşacaksınız ve iş yaşamınızda bazı başarılar kazanacaksınız demektir. Rüyayı gören kadınsa, aşk hayatında sıkıntılı bir dönem olacağına yorulur. Ummadığınız bir zamanda kötü bir haberle üzüleceğinize işaret eder.

DEFİNE

Hiç ummadığınız zamanda para ya da bir mirasa yorumlanır. Bazılarına göre de karşılıksız bir aşka işarettir. Define soymak ticarette zarar etmeye, üzüntüye ve yolculuğa yorulur.

DEFTER

İş yaşamınızda çok yoğun olacağınıza önünüze gelen bu fırsatlardan faydalanacağınıza yorulur.

DEĞİRMEN

Hane halkının sıkıntı ve darlıktan kurtularak bolluk ve bereket kavuşması demektir. Başka yoruma göre de, gizli kalan bazı şeylerin ortaya çıkması, iş yaşamında da başarı demektir. Değirmenci görmek hasta (sakat) bir çocuğun doğumuna işaret eder.değiştireceğinize işaret eder.

DELİ

Rüyasında deli gören kimse, yeni birisiyle tanışır. Bir delinin bir şey vermesi kısmet olarak yorumlanır. Rüyasında delirdiğini gören kimse bir konuda isabetli bir karar vererek ve çevresinde hayranlık uyandıracak.

DENİZ

Deniz rüyaları iyiye yorumlanır. Masmavi engin deniz, insanın yaşamına anlam katacak olgunlaşmasını sağlayacak uzun bir yoldur. Dalgalı bir deniz mutluluğun sıkıntıların atlatılmasından sonra gerçekleşeceğini belirtir. Denizde yüzdüğünü gören kişi peş peşe yolculuklara çıkar demektir.

DEPREM

İş yaşamınızda sıkıntılar yaşayacaksınız demektir. Ülkeler arasında savaş çıkacağı şeklinde de yorumlanır.

DERİ

Deri ile ilgili bir rüya görmek hem iş hem aşk hayatında başarı kazanacaksınız demektir.

DEVE

Bazı sorunlarla karşılaşacaksınız anca sabrederseniz ve yılmazsanız bu sorunları aşabilirsiniz demektir. Bir deveye sahip olduğunuzu görmek, para durumunuzun iyileşeceğini ve elinize para geçeceğini belirtir.

DEVEKUŞU

Herkesten habersiz bol para kazanacak ve zengin olacaksınız. Bazı insanlar paranız için sizinle ilişki kurmaya çalışabilir.

DİLENCİ

Dilenciyle konuşmak başarıda hoşgörü ve iyi duyguların rol oynayacağı anlamına gelir. Rüyada dilenci görmek işlerin yakın zamanda düzeleceğine işarettir. Dilenciye sadaka vermek sorunların artık geride kalacağı anlamındadır.

DİŞ

Hastalığa yakalanacağının işaretidir. Dişlerinizin döküldüğünü görmek, yakında kötü bir haber alacağınız anlamındadır.

DİŞÇİ

Bir arkadaşınızın dişçi olduğunu ve sizi muayene ettiğini gördüyseniz o arkadaşınıza güvenmemeniz gerekir demektir.

DOĞUM GÜNÜ

Doğum günü pek hayra yorulmaz. Bu rüya şanssızlık ve fakirlik anlamındadır.

DOĞUM

Doğum rüyası sıkıntıdan kurtulmak demektir. Rüyasında doğum yapan kadın sıkıntılarından kurtulur anlamındadır. Doğum ağrısı çekmek zor ve kötü günlerden sonra güzel günlerin geleceğine yorumlanır.

DOKTOR

İş yaşamınızda bazı düşmanlara sahipsiniz demektir. Rüyayı gören kadınsa sağlık sorunları anlamındadır.

DOMUZ

Uğursuzluk demektir.

DONDURMA

Dondurma yemek başarının işaretidir. Dondurmanın erimesi hayalleriniz gerçekleşmeyecek anlamındadır.

DUDAK

Dolgun yumuşak dudaklar, mutluluğu ve gücü haber verir. Sevginize karşılık alacaksınız sevdiğinizde sizi sevecek demektir. İnce dudaklar, bütün sıkıntılardan kurtulacağınızı belirtir.

DÜĞME

Yeni düğme, varlıklı ve insanlara ve size karşı saygılı biriyle evleneceksiniz demektir. Eski, kırık düğme, hastalık ve zarar anlamındadır.

DÜĞÜN

Mutluluğun geleceğini haber verir. Kendi düğününü görmek, uzakta yaşayan bir yakınınızdan kötü haber alacaksınız demektir.

ECZANE

Rüyada bir eczaneye girmek hayatınızda ciddi değişiklikler olacak demektir. İlaçlarla dolu böyle bir yere girmek maceraya atılmak olarak ta yorumlanır. Bir eczaneye girip, ilaç almak erkekler için iftiraya uğramak anlamındadır. Genç bir kadın için ise, yabancı erkeklerle arkadaşlıklardan zarar geleceğine işarettir. Daha yaşlı kadınlar için sağlığın hafif hastalıklardan sonra düzeleceğine yorulur.

EDEBİYAT

Rüyada edebiyatla uğraşmak rüyayı görenin duygulu ve hassas bir kişi olduğuna ve iş yaşamında başarılı olacağına işaret eder.

EFLATUN

Rüyada eflatun renk görmek iyeye yorulmaz, genellikle bir hastalık ve sıkıntı.demektir.

EGLENCE

Büyük bir mutluluktan sonra tekrar eski halinize döneceksiniz demektir. Dedikodu olarak da yorulur.

EJDERHA

Ejderha benzer korkunç bir hayvan görmek, hasımlarınızı yenebileceğinize.işaret.eder.

EKMEK

Rüyada ekmek hayırdır. Rüyasında ekmek gören kişi çok kısa bir süre sonra muradına erecek, iş yaşamında başarılı olacak, bol para ve berekete kavuşacak demektir. Ekmek kabuğu kesmek çözümü çok zor bir sorunu çözümlemek demektir. Fırından yeni çıkmış ekmek görmek ya da kokusunu almak, para darlığından kurtulacağınıza işarettir. Buğday ekmeği görmek belirsiz olan önemli işler yoluna girecek demektir. Darı ekmeği biraz zorluk ve sıkıntıdan sonra refaha ulaşılacağına yorulur. Arpa ekmeği para durumunuzda beklenmedik bir miktarda artış işaretidir. Nohut ekmeği kazancınızda azalma olacağını ancak sağlığınızın iyiye gideceğini işaret eder. Çavdar ekmeği ruh sıkıntısından kurtulmak demektir. Yufka ekmeği büyük bir mutluluğa ulaşılacak anlamındadır. Ekmek kesmek: Bir işi sonuçlandırmak anlamına gelir.

EKŞİ

Rüyada ekşi bir şey yemek kötü bir havadis demektir.

ELBİSE ASKISI

Rüyada elbise askısı görmek, bekar kızlar için "kısmet", delikanlılar için ise sıkıntı olarak yorulur.

ELBİSE SİLMEK

Rüyada elbise silmek, kötü bir haber geleceği anlamındadır.

ELBİSE

Rüyada eski elbiseler görmek, sürekli varlık içinde olacağına yorulur. Rüyada fakirlere elbise dağıtmak, o rüyayı gören şahsın, çok önceden yaptığı sonradan unuttuğu bir iyiliğin karşılığını alacağı anlamındadır. Rüyada elbise veya kumaş satın almak, son zamanlarda yaptığınız yatırımların karşılığında çok az bir kar sağlanacağına yorumlanır. Şık ve pahalı elbiseler görmek ise, rüyayı görenin insanların dış görünüşüne çok fazla önem verdiğine, bu tutumundan vazgeçmesi gerektiğini haber verir. Lekeli elbise dedikodular ve sıkıntılar yaşanacağını belirtir. Yeşil renkli elbise yakın zamanda emellerinize kavuşacağınız anlamındadır. Yamalı elbise giydiğini gören kimsenin eline para geçer.

ELDİVEN

Rüyada eldiven giydiğini gören kişi kendine seçkin ortamlarda yer bulur demektir. Rüyada yeni bir eldiveni ilk defa giymek, maaşı yüksek bir işin yöneticisi olacağını bildirir. Yırtık veya kirli eldiven görmek, pek iyiye yorulmaz. Başkasına ait eldivenleri almak da pek hayırlı değildir. Eldiveninizi kaybettiğinizi görürseniz, sevdikleriniz sizi terk edecek demektir. Yeni eldivenler, zor günlerden sonra feraha kavuşmak demektir.

ELEK

Rüyada elek göreni kişinin arkadaşları hakkında dedikodu yapacaklar demektir.

ELEKTRİKÇİ

Rüyada elektrikçi görmek, yakın zamanda çok para kazandıracak bir işe atılacağınız anlamındadır.

EL

Güzel eller, başarı ve ün kazanacağınıza, bir sanat koluyla uğraşılıyorsa başarılı olunacağına işarettir. Kuvvetli eller, o rüyayı gören kişinin işlerinde başarılar elde edeceğine üst kademelere çıkacağına işarettir. Rüyada görülen eller, o rüyayı gören şahsı işaret ediyorsa rüyayı gören bir süre önce bir dostuna kırılmış ve kırıldığı bu dostuyla uzlaşmaya çalışmalıdır demektir. Çirkin bakımsız eller, fakirlik ve hayal kırıklığı demektir.

Ellerindeki zinciri çıkaran iyi bir fırsat yakalar.

ELMA

Elma barışın, bolluğun, bereketin, ve paranın işaretçisidir. Rüyada elma görmek her işte şansınızın sizinle beraber olduğunu ifade eder. Elma ağacının altında dinlenmek sevgili ile mutlu bir evlilik yaparlar ve bu evlilik mutluluk getirir anlamındadır. Masa üzerinde elma görmek, çevreniz genişleyecek ve çevrenizden saygı göreceksiniz demektir. Elma yemek uygulamaya koyduğunuz planlarınızın olumlu sonuçlarını alacaksınız anlamındadır. Rüyada elmalı bir şey yemek bir müsabakada ilk üçe girmeye işarettir. Rüyada elma almak kar getirecek bir işe yatırım yapacağının haberidir. Rüyada ağaçtan düşen elmalar görmek önünüze çok sayıda güzel fırsat geleceğine işarettir. Ağaçta elma görmek, yakın zamanda güzel bir haber alacağınız anlamındadır. Elma yeşil, ham, ya da çürükse, gerçekleşmesini istediğiniz hayallerinin olamayacağını bildirir.

ELMAS

Rüyada elmas şansın iyi olduğuna yorulur. Elmas gören kadın ise varlıklı ve bilgili biriyle; erkek ise anlayışlı, duygusal biriyle evlenecek anlamındadır.

ENGEREK YILANI

Yılan iyiye yorulmaz. Hasımlarınız size bir komplo hazırlıyor demektir. Adımlarınızı dikkatli atmanız gerektiğine işarettir.

ENGEL

Rüyada bir engelin aşılması, kişinin en büyük amacına muradına ermesi demektir. Tüm sorunlara karşı en sonunda başarılı olacağına yorumlanır.

ENKAZ

Rüyada herhangi bir çeşit enkaz görmek, pek iyiye yorulmaz. O rüyayı gören kişinin gireceği ve para yatıracağı işlere dikkat etmesi gerekir demektir.

ERİK

Rüyada erik görmek, hiç beklemediği bir yakının ihanetine uğrayacağına işaret eder. Olgun erik görmenin mutluluk getirdiği yorumu yapılır. Erik toplamak emellerinize ulaşamayacağınızı bildirir.

ERKEK KARDEŞ

Rüyada erkek kardeş müjde almak demektir.

ERKEK

Rüyada erkek görmek hayra yorulur. Rüyada tanımadığınız bir erkek görmek doğru haber, ferahlık veren sözler, güzel bir iş fırsatı demektir. Rüyada tanınan bir erkek görüldüğünde onun adının anlamına da dikkat edilmelidir. Adının anlamına göre yorum değişir. Yakışıklı erkek iyi haber, sağlık, hakkıyla kazanç demektir.

ERKEK ÇOCUK

Rüyada erkek bir çocuk görmek, çevrenizde güvenebileceğiniz dostlara sahip olduğunuzu ve çevrenizde saygı göreceğinize yorulur.

EROİN

Rüyada eroin kullanıldığının görülmesi rüya sahibinin hayaller içinde olduğunu, ayaklarının yere basmadığını işaret eder.

ESANS

Esans veya güzel koku almak, onu seven birisinin aklının daima sizde olduğunu anlatır. Rüyada esans gibi güzel kokular sürmek, yakın bir gelecekte mutlu olacağınızı bildirir. Bir esans veya lavanta alınıyorsa, bu da evlilik müjdesidir. Evliler için esans mutluluk rahatlık demektir.

ESİR

Rüyada esir düştüğünü görmek, başkasının malında gözü bulunduğuna veya borcunu inkar ettiğine, yahut evlilikte mutsuz olacağına yorumlanır.

ESKİCİ

Rüyada eskici görmek, yakını tarafından dolandırılacağını anlatır.

EŞEK ARISI

Rüyada eşek arısı görmek, bir seyahate çıkılacağına işaret eder.

EŞKİYA

Rüyada eşkıya görmek, sizi destekleyen bir kişinin bu desteği sizden çekeceğini bildirir.

EŞEK

Anıran eşek, değersiz birinde azar işiteceğine işarettir. Eşeğe binmek yabancı memlekete yolculuk demektir. Eşeği kesmek kötü bir iş yapmaya işarettir.

EŞYA NAKLİ

Rüyada eşya nakli görmek hareket ve davranışlarının insanları rahatsız ettiği anlamındadır ve hal ve hareketlere dikkat etmesi gerektiğini bildirir.

ET

Rüyada et yemek, iyiye yorulmaz. Özellikle çiğ et daima kötüye yorumlanır. Bir kasapta asılı duran etler çevreyi de ilgilendiren sorundur. İnsan eti dedikodu olacağını bildirir. Rüyasında bir kasaptan et alan kimsenin sağlığı bozulacak demektir. Koyun eti sağlığın bozulacağını ve kötü olayların habercisidir. Kuş eti yemek isteklerin olacağına işaret eder. Kokmuş et çok kötü sayılır. Et yemekleri yemek kazancın helal olmadığının işaretidir.

ETİKET

Rüyada etiket görmek, rüyayı görenin gösterişe çok önem verdiğini bildirir.

EV

Güzel, temiz, ferah bir evde olduğunu görmek hayatının da gönlüne göre olması demektir. Hayatı boyunca güven içinde ve yaptıklarından zevk alacak demektir. Evin genişliği mutluluğun artması demektir. Karanlık ve pis ev sıkıntı anlamındadır. Dağ başında ev görmek yükselmenin, herkesten üstün duruma geçmenin haberidir.

EVLAT

Servete ve paraya işarettir. Kız evlat görmek; işlerinin iyi gideceğine dalalet eder.

EVLENMEK

Rüyada evlenen zengin olur diye yorumları.

EVLİYA

Rüyada melek, evliya gibi kutsal varlıklar görmek daima iyiye yorulur. Büyük mutluluk ve rahatlığı bildirir. Bu rüyalar dertlerin biteceği müjdeler. Rüyayı gören kimse maddi manevi güvene erer. Evliya rüyalarını kimseye söylemememiz yararlıdır. Evliya türbesi yakındaysa ziyaret etmelisiniz.

EVRAK

Genç bir erkeğin rüyada, evrak imzalaması; hüzne veya boş yere mektup yazmasına yorulur. Rüyayı göre şef veya amir ise rüyayı görenin güvenilmeyen bir memur olduğuna işarettir. Evrak lekeli ise, bir tuzak hazırlandığının haberidir.

EV YAPMAK

Rüyada ev yapmak, vaktin hoş geçmesine yorulur, Toprakla meşgul olmaya mal elde edileceğine işarettir. Camdan yapılmış ev görmek, hasımlarınızın tuzağına düşmek anlamındadır.

EZAN

Ezan sesi duymak, başarı sağlık ve mutluk anlamındadır.

EZİYET

Rüyada birine eziyet ettiğini gören kişi bir iyilik yapar anlamındadır. Rüyasında eziyete uğradığını gören kimse büyük iyilik bulur.

FABRİKA

Rüyada fabrika toplum olarak yorumlanır. Fabrika gören kendi çabalarıyla toplumda iyi bir yere gelir anlamındadır. Fabrikadan uzaklaştığını gören çevreden uzaklaşır. Fabrikanın iyi çalışması toplum ilişkilerinin iyi olacağını anlatır. Yeni bir fabrika daha güzel ve rahat bir gelecek olarak yorumlanır. İnsanın, kendisini fabrikada iş yaparken görmesi genç bir erkek için başkalarının kışkırtması sonucu yapacağı işte pişman olacağını, genç bir kadın için hediye olarak bir giyim eşyası alacağını işaret eder. Yaşlı bir insan için üzerine düştüğü bir işin iyi bir sonuca ulaşacağına işaret eder.

FABRİKATÖR

Rüyada bir fabrikatör görülmesi işinizde yeni girişimlerde bulunulacağına yorulur.

FAHİŞE

Rüyada bir fahişe görmek, şansın büyük ölçüde iyi olacağına ve herkes tarafından sevilen bir kişi olacağınıza yorulur.

FAİZ

Faiz vermek: İstemeyerek günah işleneceğine, Faizle para almak birisi tarafından aldatılacağınıza işaret eder.

FAKİR

Rüyada bir fakir görmek, davranışlarınızla herkesin beğenisini kazanacağınızı anlatır.

FALA BAKMAK

Falcı batıl, boş şeylerle inanan ve aldatan, kendine hakim olamayan, yalancı söyleyen kimsedir. Falcı görmek her şeye inanan, kimseye işaret eder. Rüyada kendisinin falcı olduğunu görülmesi; bu rüya bütün halk için hayırlıdır.

FALCI

Rüyada falcı görmek, küçük sorunlarınızı kısa zamanda aşarak rahata ereceksiniz.demektir.

FANİLA

Rüyada fanila görmek iş yaşamınızda karlı bir girişimde bulunacağınıza yorulur. Ama bir kalp acısı da çekeceğinize işarettir.

FARE

Fare rüyaları hiç iyiye yorumlanmaz. Fare rüyaları ayini zamanda sağlıkla ilgilidir. Ayrıca işte başarısızlık, zarar vb de işarettir. Bir yerde farelerin dolaştığını gören insan birden hastalanır. Evine fare girdiğini gören zarara uğrar.Fare bilmediğiniz çok kötü bir düşman demektir. Bu düşman bütün hareketlerinizi takip ederek sizi alt etmek için fırsat kolluyor demektir.

FENER

Fener rüyaları iyi sayılır. Elinde yanan bir fener bulunan kişi, sıkıntıya düşüren sorunlardan kurtulmak için bir fırsat yakalayacaktır. Fener aniden sönerse kişi duyguları nedeniyle hataya düşecektir. Rüyada sürekli devamlı yanan deniz feneri görmek akılda olmayan bir maceraya atılmak demektir.

FINDIK

Aşk ve iş yaşamınızda başarılı olacaksınız demektir.

FIRÇA

Saç taramak yaptığınız bir hata nedeniyle bazı sorunlar yaşayacaksınız demektir. Fırça eski ise sağlığınızın bozulacağına işarettir. Çok sayıda fırça görmek karşınıza birçok iş fırsatı çıkacak anlamındadır.

FIRIN

Güzel bir aile yaşamınız olacak ve çok sayıda çocuğunuz olacağına yorulur.

FIRTINA

Fırtına rüyaları kötüye yorulmaz. Bunlar pek çok şeyin değişeceğini haber verirler. Bu değişiklikler kaçınılmazdır. Ortalığı altüst eden bir fırtına hayatın tamamen değişeceğini açıklar. Rüyada fırtına büyük değişiklik olarak yorumlanır. Böyle bir fırtınada kaldığını gören kimse, kendisine yepyeni bir yol çizecektir. Fırtınadan evi uçan biri taşınır. Fırtınada her şeyin yerle bir olduğunu gören biri adeta yeniden doğar.

FİL

Fil rüyası olumlu sayılır. Bir file bindiğini gören kimse işinde büyük başarıya ulaşır.

FLÜT

Uzaktan gelecek dostlarınızla güzel bir buluşma yaşayacaksınız demektir.

FORMA

Rüyasında forma giyen kimse kurallara uymak mecburiyetindedir. Kulüp forması giyen insan yeni olaylarla karşılaşır ve yaşamınızda önemli ve olumlu değişiklikler yapmak demektir. Güzel renkli bir forma giyen biraz çaba ve sabır gösterir ve kurallara uyarsa başarı olur.

FOTOĞRAF

Yakın bir arkadaşınız tarafından hayal kırıklığına uğratılacaksınız demektir.

FUAR

Rüyasında bir fuarda gezdiğini görmek hayatı çok kısa süre içinde değişeceğine işarettir. Parlak, neşeli, hareketli bir fuar bütün sıkıntıların geçeceğine yorumlanır.

GARAJ
Özel hayatta da düzen demektir.

GAZETE
Gazete daima iyi haber, ferahlık verecek söz olarak yorumlanır.Rüyasında bir gazete aldığını görmek kendisini ilgilendiren geleceği için önemli bir gerçeğe ulaşır.

GEBELİK
Gebelik rüyaları kötüye yorumlanır, sıkıntı demektir. Rüyasında gebe olduğunu gören kişi büyük sıkıntıyla karşılaşır. Ve bu sıkıntı kolay kolay bitmez demektir.

GECE
İş hayatınızda bazı sorunlar yaşayacaksınız. Canınız sıkılacak; fakat güçlü olmaya çalışın.

GELİN
Rüyada gelin görmek daima iyiye yorumlanır. Gelin neşe, huzur, güzel haber ve yaklaşan güzel günler demektir. Gelin olduğunu gören bekar ise evlilik olacağına işarettir. Ancak gelinlik temiz ve güzel ise mutlu olunacak, yırtık yada kirliyse sonu belirsiz bir evlilik olarak yorumlanır.

GEMİ
İçi aydınlık temiz bir gemi, iş yaşamında başarı demektir. Pis ve bakımsız gemi işlerin kötü olacağına işaret eder.bozulacağına işaret eder. Böyle bir gemiye binen kadının adı

bir maceradan dolayı dedikoduya karışır. Bir erkekler ilgili bu rüya işle ilgili güçlüktür. Batan bir gemiden çıktığını gören kimse bir darlıktan kurtulur.

GEYİK

Rüyada dolaşan geyik görmek tanımadığınız insanların neden olacağı sorun demektir. Bir geyik yakaladığını gören kişi tanımadığı birinin sorununu çözer ve bundan dolayı kısmet alır demektir. Bir geyiği vurduğunu gören, kişi uzaktan alacağı bir habere çok üzülür anlamındadır. Geyiği seven veya okşayan biri tanımadığı biriyle macera yaşar demektir.

GİYSİ

Yırtılmış, eskimiş giysiler; tanımadığınız bir kişinin size kötülük yapacağı anlamındadır. Temiz ve yeni giysiler varlığın haberidir.

GONCA

Kısa sürede başarılı olup güzel bir yaşam süreceğiniz anlamındadır.

GÖBEK

Kocaman şişman bir göbek; ciddi sağlık sorunlarına ; güzel sağlıklı göbek iş yaşamındaki başarılara işarettir.

GÖÇ ETMEK

Göç ettiğinizi görmek, hastalanacağınız anlamına gelir. İş hayatında da bazı yanlış davranışlar yapacaksınız demektir.

GÖĞÜS

Şekli düzgün göğüs şans demektir. Şekilsiz göğüsler, aşk yaşamınızda hayal kırıklıkları yaşayacaksınız anlamındadır.

GÖKKÜŞAĞI

Mutluluğun ve başarının haberidir. Uğraştığınız her işte başarılı olacaksınız demektir.

GÖK

Rüyada gökyüzüne çıkmak, hüznü işaret eder. Eğer merdivenle çıkıyorsanız, bu, başarı ve şöhret sahibi olacağınız anlamına gelir.

GÖL

Sakin bir gölde sandalla gezmek, mutlu olacaksınız demektir. Mutluluğunuzu yakınınızdaki insanlarla paylaşacağınız anlamındadır. Kirli bir gölde gezmek, iş ve aşk yaşamınızda sıkıntılar yaşayacağınıza işaret eder.

GÖMÜLMEK

Eğer diri diri gömüldüğünüzü gördüyseniz, yakın zamanda ciddi bir hata yapacaksınız demektir.

GÖZLÜK

Etrafınızda bazı gerçek olmayan dostlarınız olduğunu bildirir.

GÖZ

Size zarar vermek isteyen bir kişinin sizi gözetlediğine haber verir.

GÖZYAŞI

Rüyada gözyaşı dökmek iyiye yorulur. Bu kimse bütün dertlerinden sıyrılarak rahata erer anlamındadır. Bu rüya sevinç ve mutluluk olarak da yorumlanabilir.

GÜÇ

Rüyasında kuvvetlendiğini gören kimse gerçek yaşamında da kuvvetli olacak demektir.

GÜLMEK

Kahkahalarla güldüğünüzü gördüyseniz, birçok yeni arkadaş sahibi olacaksınız ve uğraştığınız her işin başarıyla sonuçlandıracaksınız demektir. Alaycı gülmek, sağlığın bozulmasına işaret eder.

GÜL

Rüyada gül iyiye yorulur. Yeni açan gül toplamak bir genç kız ise çok kısa bir süre sonra evlenir. Güllerin rengine göre rüyaların anlamları değişir. Bahçesinde gül ağacı gören bir erkek mesleğinde. Aynı şekilde gören kadın ise bereket , şöhret ve mutluluk olarak yorumlanır.

GÜMÜŞ

Rüyada gümüş görmek çok iyidir. Gümüş huzur, mutluluk, güzel haber ve hayırlı kısmet olarak yorumlanır. Gümüş para güzel sözdür. Hasta birisi rüyasında gümüş görürse kısa hastalığı iyi olur. Gümüş rüyası gören bekarsa iyi bir evlilik, evliyse bir çocuğa yorumlanır.

GÜNEŞ

Zenginliğin ve mutluluğun işaretidir. Güneşin batışını izlemek, bazı kararlar almadan önce iyice düşünmeniz gerektiğinin habercisidir.

GÜRÜLTÜ

Gürültülü yerde olmak, eğleneceğinizi umduğunuz bir aktiviteden

GÜVERCİN

Rüyada güvercin güzel bir haber demektir. Çiçeklerin arasına konan güvercin aşkla sevgiliyle ilgili haberdir geleceğini anlatır. Uçarak yaklaşan güvercin çok çabuk haber alacağınızı belirtir.

HACI

Rüyada hacı görmek güzel söz işitmek demektir. Hacı olduğunu görende hiç beklemediği bir yerden kısmeti var demektir.

HAKSIZLIK

Kendisine haksızlık yapıldığını görmek tam aksine iyilik görür. Fakat başkasına haksızlık yapmış demektir. Onun çevresindeki insanların tavsiyelerine itimat etmesi gerektiği demektir.

HALI

Zenginliğin ve bolluğun haber verir. Halı, varlıklı arkadaşlara sahip olacağınızı belirtir. Halı üzerinde yürüdüğünü görmek, mutlu olacağınızı işaret eder.

HAMİLELİK

Hamile olduğunuzu gördüyseniz, mutsuz bir evlilik hayatınız olacak. Rüya sahibi gerçekte de hamileyse, sorunsuz bir dönem geçirecek ve sağlıklı bir çocuk sahibi olacak demektir.

HAMUR

Hamur yoğurduğunu gören kimse kendi gayreti sayesinde başarılı olacak demektir. Tek başına girişim yaparak arzu ettiği konuma geleceğini işaret eder. Hamur mayalamak aileden aldığı parayı, sermayeyi artıracak ve bir servet sahibi olacak anlamındadır. Hamur kızartmak, murada ermek demektir.

HANÇER

Rüyada hançer güç, kuvvet anlamına gelir. Elinde hançer olduğunu gören kimse güçlenir. Elindeki hançeri kendine saplayan, işle ilgili hata işlemiş demektir. Başkasına saplayan, bir iyilik yapar ve karşılığını alır anlamındadır. Paslı hançer kişinin inat, huysuzluk nedeniyle çevresindekilerle arasının bozulacağını haber verir.

HAP

Hap içtiğinizi gördüyseniz, çok ağır sorumluluk üstleneceğiniz, ancak yeteri karşılığını alacaksınız demektir.

HAPİS

Uğursuzluk ve mutlu olamamak anlamına gelir. Hapishaneden birinin çıktığını görmek, sevinmek anlamına gelir.

HARABE

Harabe rüyaları iki farklı şekilde yorumlanır. Harabede olduğunu gören kimsenin bütün ümidi yok olur. Kısmeti kapanır. Evinde türlü sıkıntı, bela ortaya çıkar. Harabeden çıkan kimse, sıkıntıları aşmış karanlıkları geride bırakmış demektir. Yeni bir hayata başlamak anlamındadır.

HARİTA

İş hayatınızda canınızı sıkacak bazı değişiklikler olacak. Fakat kısa sürede işler yoluna girecek.

HASTA

Rüyasında hastalandığını görmek sağlığın iyi olduğunu anlatır. Pek nadir hastalık rüyası olduğu gibi çıkar. Hasta olarak yattığını gören yola gidecek demektir.

HAVUÇ

Bir yerde havuç topladığını gören kimse çok çalışmasına rağmen az para kazanır demektir. Fakat rüyasında havuç satın alan işlerini kolaylıkla yoluna koyar ve para sıkıntısı çekmez anlamındadır. Havuç yemek mide ve karaciğerle ilgili bir hastalığa yorumlanır.

HAVUZ

İçinde temiz su bulunan bir havuza baktığını görmek geleceğinin çok parlak olmasına yorulur. Fakat içindeki su kirli, bulanık ve yosunluysa geçmişte kaldığı sanılan sorunlar, kavgalar tekrarlanacaktır. Bu yüzden hayal kırıklığı da yaşayabilir.

HAYVAN

Rüyada bir sürü hayvan görmek, aşıklar için çok mana yüklüdür ve bu rüya, yakında olacak düğünü haber verir.

HEDİYE

Birinden hediye aldığını görmek, aşk yaşamında hem de iş yaşamında şanslı ve mutlu olacağınızı haber verir.

HELVA

Helva rüyaları daima helal, hayır işi, yardım olarak yorumlanır. Rüyasında helva aldığını gören kişi pek çaba sarf etmeden iyi kazanç elde edecektir. Helva pişirdiğini gören biraz çabayla büyük kısmeti yakalar anlamındadır. Geniş kapta helva yapıp dağıtan hayır yapmayı seviyor demektir.

HEMŞİRE

Büyük bir sorununuzu aşabilmek için başkalarının yardımını alacaksınız demektir.

HEYKEL

İşinizi değiştirecek daha iyi bir işe gireceksiniz demektir.

HIRSIZ

Bazı hasımlarınız var demektir. Evinizin soyulduğunu gördüyseniz, bazı sıkıntılar yaşadıktan sonra amaçlarınıza ulaşacaksınız anlamındadır. Kendinizin hırsız olduğunu gördüyseniz, işleriniz ters gidecek. Hırsız kovalıyor ve yakalıyorsanız, hasımlarınıza galip geleceksiniz demektir.

HİZMETÇİ

Dertli günlerden sonra, maddi açıdan rahata ereceksiniz anlamındadır.

HOROZ

Rüyada horoz görmek çok iye yorulur. Horoz dertlerin geçeceğini bildirir. Horoz ayrıca güçlü elinde türlü imkan bulunan biri olarak ta yorumlanır.

HUBUBAT

Rüyada görülen buğday başakları kazancın artmasına, çavdar, yulaf veya arpa görmek ya da pazardan almak veya evde yemek ev yaşantınızda bazı pürüzleri bildirir.

HURMA

Rüyada hurma almak ve yemek, helal kazanca, kuru hurma hastalıkların derman bulacağına ve eğlenceli zaman geçirmek anlamına gelir.

HÜKÜMLÜ

İnsanın hükümlü görmesi, iyi arkadaşı olduğunu sandığı kimselerin ona üzüntü ve acı çektireceğini işaret eder.

IRGAT

Rüyasında terlemiş içinde ırgat gören bir kişinin, başına bir felaket gelebilir. Eğer rüyayı gören kişi ırgatın terini silerse, rahatlayacak demektir.

IRMAK

Rüyada büyük bir ırmağa düşmek; tehlike içinde olduğunuzu eğer çok uğraşılırsa kurtulursa rahata ereceğine eğer, ırmaktan çıkmazsa öleceğine yorumlanır. Durgun, temiz bir ırmak; bol kazancın, mutluluğun işaretidir. Kirli bir ırmak, etrafınızda kıskanç insanlar bulunduğuna bunlarla tartışacağınız anlamındadır.

ISLANMAK

İster yağmurda ister suda olsun iyice ıslanmak, başarısızlıklarla geçecek bir zamana, bu başarısızlıktan sonra mutluluğa ve güzel hayata işaret eder.

ISIRGAN

Güzel bir rüyadır. Rüyasında ısırgan görmek bahtın açık olacağına ve bol para kazanılacağına yorumlanır.

ISIRMAK

Rüyada ısırılmak, düşmanınızla karşı karşılaşacağınız ve bu hesaplaşmadan zarar göreceğinizi belirtir.

ISLIK

Rüyada gece ıslık çalmak, iyiye yorulmaz. Islık sesi işitmek, bazı üzücü haberler nedeniyle planlarınızı değiştirmek zorunda kalacaksınız demektir. Kalın ıslık sesi, görenin yakınlarına hoşgörülü yaklaşması gerekir demektir. Tiz ıslık sesi, hiç beklemedik bir zamanda para kaybedeceğine yorulur.

ISTAKOZ

Rüyasında ıstakoz gören, kimse çeşitli sıkıntıların ardından refaha kavuşacak anlamındadır. Eğer ıstakoz canlı ise, elinize çok para geçecek demektir.

IŞIK

Rüyada ışık bir çok sıkıntıdan sonra refaha ve huzura kavuşmak anlamındadır. Işık bir gece yarısı görüldüyse, rüyayı gören bir çocuk sahibi olacak demektir. Güneş iyi bir gelecek anlamındadır. Ay ışığı hüzünlü ve acı bir durumu bildirir. Gaz lambasının ışığı eğlenmek ve güzel zaman geçirme imkanını anlatır. Mum ışığı dert demektir. Kibrit ışığı ise kısmet işaretidir.

İSTİFA ETMEK

İşinizden istifa ettiğinizi gördüyseniz, iş yaşamınız için yeni girişimlerde bulunacak, fakat istediğinizi elde edemeyeceksiniz demektir. Başkalarının istifa etmesi, kötü haberler alacağınıza işarettir.

İBADET

Bu rüyalar daima iyiye yorulur. Rüyada ibadet ettiğini gören kişi sıkıntılarından ve sorunlarından kurtulur. Rüyada ibadet ederken görmek, ailenin mutlu yaşamı olacağına işarettir. Eski durumundan daha iyi durumu gelir.

İÇ ÇAMAŞIRI

Rüyada iç çamaşırı görmek çok değerli hediye demektir. İç çamaşırını çıkarmak ise, eğer dikkatli olunursa hafif atlatılacak hastalığa işarettir.

İÇMEK

Hem iyiye hem de kötüye yorumlayan vardır. İyi yoruma göre kazancı; kötü yoruma göre ise hastalığı belirtir.

İÇKİ

Rüyada şerbet, şurup gibi alkolsüz içkiler genel olarak hayra yorumlanır. Ancak alkollü içkiler iyiye yorulmazlar.

İDAM

İnsan rüyasında idam edildiğini görürse, başarılı olacağına yorumlanır. Asılmak, fakirler için hayra işarettir. Zenginler için varlığın artacağı anlamındadır. Bekarlar için, evlilik işaretidir. Rüyada idam mahkumu olmak uzun ve şerefli yaşamak.demektir.

İDRAR

Rüyada idrarı tutamamak, malın ve paranın artacağına, mutlu havadis alacağınıza işarettir. Yol ortasında idrar yapmak hiç ummadığınız bir kişiden bir fenalık geleceğine yorulur. İdrar darlığı zamanla fakirleşeceğine işaret eder. Şişe içinde idrar, hastane ile ilgili bir durumu bildirir.

İFLAS

Rüyada iflas etmek çok kazançlı ve kârlı işlere atılacak, bunlardan birçok yara ve kazanç sağlayacak demektir.

İFTİRA

Rüyada bir iftiraya uğramak, beklenmedik bir haber almak demektir.

İĞNE

Rüyada iğne görmek, sağlığınıza daha fazla dikkati etmeniz gerektiğini işaret eder. Bazı dert ve şanssızlıklara uğrayacaksınız demektir.

İHANET

İhanete uğramak, genç bir erkek için, aşk acısı ya da iş nedeniyle sıkıntı demektir. Orta yaşta biri için yakınlarından birinin ihanetini fark edeceğine işarettir. Genç kız için dertli ve üzüntülü olacağına aşkı ile kavga edeceğine yorumlanır.

İHTİYAR

Rüyada kendini yaşlanmış görmek, ömrün uzun olacağına yorumlanır.

İHALE

Rüyada bir ihaleye katılmak, rüyayı görenin şansının aniden döndüğüne işlerinde.kötüleşmeye.yorulur.

İHRACAT

Bir kişinin rüyada kendisini ihracat yaparken görmesi, rüyayı görenin çok arzulu ve aşırı istekli bir kimse olduğunu Bu özelliğinin etrafındaki insanlara zarar verdiğini ve çevresindekileri kaybetmek üzere olduğunu ifade eder.

İHTİLAL

Rüyasında ihtilal olduğunu gören kimsenin ruh doktoruna görünmesi gerekir.

İHTİYAR ADAM

İhtiyar birinin elinden bir şey almak yaklaşan bir mutluluk işaretidir. Rüyasında ihtiyarlığını gören kimse uzun ömürlü olacak demektir.

İKİZ

Rüyada ikiz çocuğu olduğunu görmek işinizde küçük bir başarı kazanacağınıza yorumlanır.

İKSİR

Rüyada iksir, çok çalıştığınız için sağlığınızın bozulacağına işaret sayılır.

İLAÇ

Rüyada ilaç almak iyiye yorulur. Rüyada ilaç içmek sağlık durumunuzun iyi olduğuna ve muradınıza ereceğinize yorumlanır. Tadı güzel olan bir ilaç almak, bazı sorunlarla karşılaşacak; fakat bu sorunları aşacaksınız demektir. İlaç imal etmek uzun süredir sonuç alamadığınız işlerin artık sonuca kavuşacağına işaret eder.

İLAHİ VARLIKLAR

Melek, evliya gibi ilahi varlıklar görmek iyiye yorumlanır

İLANI AŞK

Rüyada birisine ilanı aşk edildiğinin görülmesi, bir dosttan büyük yardım görüleceğine yorulur.

İLKBAHAR

Rüyada ilkbahar mevsimini görmek iyiye yorumlanır. İlkbahar rüyası bereket.ve.bolluk.demektir. Rüyasında ilkbahar mevsimini gören kimse bir yıl boyunca mutlu ve huzurlu olur.

İLAN

Rüyada gazete, radyo, televizyon ilanı görmek, emeline kavuşmak ve yüklü miktarda para sahibi olmak anlamı taşır.

İMAM

Rüyasında imam gören kimse iş yaşamında yükselir, iyi bir makama sahip olur. Rüyasında imam olduğunu gören kimse çevresinin saygısını kazanacak, yüksek makama yükselecek demektir.

İMPARATOR

Rüyasında imparator gören kişinin şansı iyi olacak, bir şans oyunundan para gelecek demektir. Aynı zamanda iyi geçmeyecek bir yolculuğa çıkılacağını.bildirir.

İMPARATORİÇE

İş yaşamınızda başarılı olup yüksek bir makama yükseleceksiniz; fakat kibirli olmanız sizi başarısız kılacak demektir.

İMTİHAN

İmtihan.korkusu.yeni.bir.iş.girişimi.yorumlanır. İmtihanı başarmak, bir dertten kurtulmak, imtihanda başarısızlık, umulmadık iyi bir haber, imtihan etmek umulmadık kötü bir haber demektir.

İMZA

Rüyada imza atmak, iyi şeylere yorulur. Bu rüyayı gören kişi kısa süre içinde dertlerinden kurtulacak feraha kavuşacak demektir.

İNCİ

inci almak ilim ve fazilet sahibi olmak ve halk tarafından sevilmek demektir. Ağzına inci sokmak, dininin güzel olduğuna yorumlanır İnci görmek mutluluğa inci almak, başkanlığa seçilmeye işarettir. Buna karşılık rüya boynuna inci takan kız evlenir anlamındadır.. İncileri tek tek ipe dizen kişi mutluluk gözyaşı dökebilir

İNCİL

Rüyada İncil görmek Müslüman biri için hatalarına dikkat ederse para ve mutluluk demektir. Hıristiyan bir kimse bu rüyayı görürse zor günleri aşacağına, rahata kavuşacağına yorumlanır.

İNCİR AĞACI

Rüyada incir ağacı görmek iş yaşamında başarılı olmaya yorumlanır. İncir ağacı diken kimse yeni bir iş girişiminde bulunur.

İNAT

Rüyada inat veya inatçılıkla ilgili bir şey görmek, o rüyayı görenin işlerinde başarılı.olacağına.yorumlanır.

İNCİL

Rüyada İncil okuma dünya görüşünüzün yanlış olduğunu bildirir ve değiştirmeniz gerektiğini işaret eder.

İNCİR

Rüyada incir kısmet demektir. Fakat incirler kurtluysa bu kısmet, dedikoduya ve kıskançlığa sebep olacaktır.Mevsiminde incir yemek, güzel bir rüyadır. mutluluk, evlenmek olarak yorumlanır. Kuru incir, zenginliğin artacağına işaret eder.Rüyada kendisini incir yerken görmek, başınızdan aşk geçeceğine yorumlanır.

İNEK

Kadın için evlilik erkek için zenginlik anlamındadır. Rüyasında süt sağan kişi yeni işlere atılacak ve bol para kazanacak demektir. Rüyada süt içmek de içinde bulunduğunuz durumun daha iyi olacağını işaret eder.

İNFİLAK

Rüyada çok şiddetli bir patlama, yaşamınızda çok ciddi bir değişiklik olacağına.yorulur.

İNSAN

Rüyasında tanımadığı bir kişiyi gören insan işlerinde birisinin yardımını alacak demektir. Rüyada insan eti yemek de hareketlerinize dikkat etmelisiniz; aksi taktirde çok zarar göreceksiniz anlamındadır.

İNTİHAR

İntihar gençlik çağının dertli, yaşlılığın rahat olacağına işarettir. İntihar görmek, sıkıntılı habere yorulur. İntihara kalkışmak, bir aşk haberine işaret eder. İntihar ettiğinizi gördüyseniz, bu, yakında çeşitli tersliklerle karşılaşacağınız demektir.

İP

Rüyada ip görülmesi, uzun ömrü işaret eder, iyi haberler haber verir. Kalın ip, dertli günler geçireceksiniz demektir. Özellikle aşk yaşamınızda karmaşıklık yaşayacaksınız anlamındadır.

İPEK BÖCEĞİ

rüyada ipek böceği görmek güzel ve çalışkan birisiyle evlenmek anlamındadır. İpek böceğinin öldüğünü görmek, sıkıntılı ve acı bir dönem geçireceğinize işaret eder.

İPEK

Rüyada ipek görmek çok iyi sayılır. İpek saflık, iyi niyet, yükselme, başarı olarak yorumlanır. Saf ipek görmek, iyi bir habere işarettir. İpek iplik, uzaktaki bir tanıdığın ziyaret olasılığına yorulur. İpek iç çamaşırı, kısa zamanda geçecek dertli günlere işarettir.

İRİN

Rüyada vücutta irin çıkması bir iftiraya uğrayacağınıza yorumlanır. Vücuttan irinin aktığını gören kişinin bütün sıkıntılarından sıyrılacağına ve rahata kavuşacağına işaret eder.

İRMİK

Ölüm haberi alınacağına yorumlanır.

İSKAMBİL

İskambil kağıdı oynayan bir kimsenin işlerinde hile vardır. Para için oynamak, maddi dertlere yorumlanır.Rüyada para kazanmak için değil de eğlence amacıyla iskambil oynuyorsanız muradınıza ereceksiniz demektir.

İSKELE

Rüyasında iskele gören kimsenin işleri düzene iyi olacak demektir. İskelenin yıkıldığını görmek işlerinizin bozulacağına ve sıkıntıya düşeceğinize işaret eder.

İSKELET

İskelet görmek, her genç için, gizli bir tehlikeye; yaşlı insanlar için, bir tuzağa yorumlanır.

İSKEMLE

Rüyada iskemle gören kişi eğer erkekse, o kişinin işlerinizin güzel gideceğine ve tatile çıkmaya işarettir. Eğer aynı rüyayı bir kadın görürse yakında evleneceğine yorumlanır.

İSPİRTO

Rüyada ispirto gören kişi boşuna vakit geçiriyor demektir.

İSTASYON

Rüyasında istasyon gören kimsenin planlarını bir süre daha ertelemesi gerekir; çünkü ortam uygun değil demektir.

İSTİRİDYE

Rüyada istiridye veya midye görmek, çevresi geniş bir kimseyle tanışacağınızı ve bu olay sonrasında yaşam şeklinizde iyi değişiklikler olacağını gösterir.

İSKARPİN

Yeni iskarpin görmek, bolluk ve bereket haberidir. Eski iskarpin, bir dostun ihanetini işaret eder. Patlak iskarpin, sonucunda başarı sağlanacağını anlatır. Siyah iskarpin, bir düğün olacağının işaretidir.

İSYAN

Rüyada bir isyanı görmek, rüyayı görenin kısa zamanda arkadaşlarının kendisi hakkında yaptığı dedikodulardan haberdar olacağına yorumlanır.

İŞ

Rüyada kendisini bir iş yerinde çalışıyor görmek maddi sıkıntıya düşüleceğine yorumlanır.

İŞARET

Rüyada kendinizi birilerine işaret verirken görmek, girişeceğiniz yeni işlerde yakın arkadaşlarından yardım alınacağına yorumlanır.

İŞÇİ

Çevresine karşı saygınlığı ve güveni kaybetme olasılığı ver anlamındadır.

İŞKEMBE

Rüyasında işkembe gören kişinin arkasından dedikodu yapılıyor demektir. İşkembe yediğinin görülmesi de iş yaşamınızda emeğinizin karşılığı alarak terfii edeceğinize yorumlanır.

İŞKEMBE ÇORBASI

Rüyada işkembe çorbası içmek, iş yaşamı nedeniyle çok yorgun olduğu anlamına gelir.

İŞKENCE

Rüyada İşkence gören refaha, huzura ulaşacak demektir. işkence yaptığını gören ise sorunlu zaman geçirecek anlamındadır.

İTFAİYE

Rüyada itfaiye görmek iyiye yorulur. İtfaiye aracının gelmesi önemli insandan yardım görecek demektir. İtfaiye aracından su sıkıldığını görmek önemli göreve gelmek anlamındadır.

İTİRAF

Rüyada gizli bir şeyi itiraf etmek iyice incelemeden bir anlaşma yapmak demektir. Bazı kararlar verirken dikkatli olmalısınız anlamındadır.

İTİRAZ

Rüyasında bir şeye itiraz eden kimse iş yaşamında kendisine hazırlanan bir komployla karşı karşıya demektir.

İZCİ

Rüyasında izci olduğunu gören kimse kalabalık bir toplulukla yolculuğa çıkacak demektir.

İZİN

Bir yerden izin aldığını görmek çok zor bir döneme girdiğinizi ve daha fazla çalışırsanız üstesinden geleceksiniz demektir.

JAGUAR

Rüyada bu hayvanı görmek, bir uğur, bir güzel haber demektir.

JANDARMA

Rüyada jandarma gören kişiyi, kısa bir zaman içinde büyük bazı işler bekliyor demektir. Ancak, bu rüyayı gören emeğinin karşılığını fazlasıyla alacaktır.

JAPON

Rüyayı gören evli ise hayra yorulur. Rüyasında Japon görmek bekar için, sadık birisi ile evleneceğini işaret eder.

JAPON GÜLÜ

Rüyada Japon gülü görmek, büyük bir yolculuk işaretidir.

JELATİN

Rüyada jelatin görmek, hiç beklemediğiniz bir yakınınızdan ihanet göreceğinize yorumlanır.

JENERATÖR

Bir kimsenin rüyasında jeneratör görmesi, o rüyayı gören kimsenin hiç beklemediği bir anda aldığı sorumluluklar sonucu çok yükseleceğine yorumlanır. Rüyayı gören kadınsa erkek çocuğu olacak demektir.

JET

Rüyasında jet uçağı gören kimse çok kısa zamanda kıskanılacak başarılar kazanacak demektir.

JETON

Rüyada jeton görmek çok para kazanmak demektir.

JİLET

Rüyada jilet görmek, uzun zamandır sonucu belirsiz olan bir işin sonunun iyi biteceğine yorulur.

JÖLE

Rüyada jöle gören kimse çok eğlenceli geçecek bir davete katılacak demektir.

JUDO

Judo yapmak daha gerçekçi olmalısınız, gerçekleşmeyecek hayaller peşinde koşmamalısınız anlamındadır.

JÜPİTER

Rüyasında Jüpiter yıldızını gören, çalışamayacak kadar hastalanacak demektir.

JÜRİ

Rüyada jüri görmek, kısa bir süre sonra kendisinin ön sırada olacağı kalabalık bir merasime katılacak demektir.

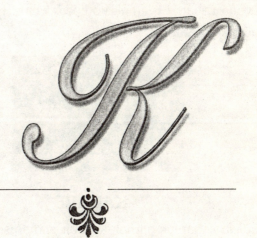

KABADAYI

Rüyada kabadayı gören kişi, etrafındaki insanların sevgisini ve saygısını kazanacak demektir.

KABAKULAK

Kabakulak hastalığına yakalanmak dert içine düşecek ve bu dertten sonunda kurtulacak anlamındadır.

KABAHAT

Rüyada kabahat işlemek kötüye yorulur. Kötü bir haber alacağınızın işaretidir.

KABARE

Rüyada kabareye gitmek kısa bir zaman sonra arkadaşınızın önemsiz bir olay nedeniyle bozulacağına yorumlanır.

KABİN

Bir düşmanınızın sizin için tuzak hazırladığını dikkatli olmanız gerektiğini işaret eder.

KABLO

Riskli işere atılacaksınız ama sonuçta istediğiniz gibi sonuçlanacak demektir.

KABRİSTAN

Rüyada kabristan dini hayata dalmak demektir.

KABUS

Düşmanlarınızı alt edeceğiniz anlamını taşır.

KABUL GÜNÜ

Kendisini kabul gününde gören kişi hakkında bir dedikodu yapıldığına işarettir.

KABİR

Bir insanın kabir yaptığını görmesi bir evi onarması demektir. Kabir kazmak ise, bekarlar için düzenbazlıkla gerçekleşen evlilik demektir. Kabre girmek ise iş yaşamında sıkıntılar yaşanacak anlamındadır.

KAÇMAK

Rüyada kendinin kaçtığını görmek eskiden olan ve size çok sıkıntılar yaşatan bir olayın tesirinden kurtulamadığınız anlamındadır. Koşarak kaçtığını görmek aklın sayesinde bütün sorunların üstesinden geleceksiniz demektir.

KADAYIF

Paranızı har vurup harman savurduğunuzu deha dikkatli para harcamanız gerektiğini belirtir. Kadayıf yemek para kazanacağınız bir işe girişmek demektir.

KADEH

Kadeh görmek hayra, evliliğe ve çocuğa yorulur. İçki dolu kadeh hayırsız, zevk düşkünü bir çocuğa işaret eder. Su dolu kadehten su içmek çocuk sahibi olmak demektir.

KADIN

Genellikle iyi yorulmaz. Rüyada kadın dedikodu, kötü haber ve yalanı ifade eder. hoşa gitmeyecek olay olarak tanımlanır. Güzel ve genç bir kadın ise izleyecek mutluluktur demektir.

KADINBUDU

Sizinle alakası olmayan bir şey yüzünden başınızın belaya girecek ve bu beladan çok zor sıyrılacaksınız anlamındadır.

KADINGÖBEĞİ

Rüyasında kadın göbeği gören kimsenin dedikodusunun yapıldığına yorumlanır.

KADİR GECESİ

Rüyada Kadir Gecesini görmek, işlerinde başarılı olacağına, muradına ereceğine ve onun Allah'ın sevgili bir kulu olduğuna yorumlanır

KAFA

Rüyada kafa görmek varlıklı ve çevresinden saygı göreceğine işaret eder. Elinde kafa görmek işlerinizi düzeleceğine yorumlanır. Kafayı önüne eğmiş görmek pişman olacağınız hareketler yapacağınıza işaret eder.

KAFES

Kafes rüyası hayra yorulmaz.Rüyada kafes görmek, hiç ummadığı anda derde düşmek demektir. Boş kafes gelmekte olan bir sıkıntıyı belirtir. Kuş kafesi ise Birilerini alt etmek için planlar kurduğunuzu anlatır. Kafesteki kuşu serbest bırakmak tövbe edeceğinizi işaret eder.

KAFTAN

Rüyada kaftan giymek hareketlerinize ve sözlerinize dikkat etmeniz gerektiğini işaret eder. Rüyada kaftan görmek kimsenin para ve ün sahibi olacağına yorumlanır.

KAĞIT

Rüyada kağıt görmek muradınıza ereceksiniz demektir. Bir kağıda yazı yazmak; mahkemelikseniz mahkemeyi kaybedeceğinizin haberidir. Ailenizde bazı kavgalı günler yaşayacaksınız demektir.

KAĞNI

Rüyada kağnı çok iyi sonuçlar verecek yolculuğa yorumlanır.

KAHİN

Rüyasında kahin gören insan daha önce aşk yaşadığı biriyle tekrar aşk yaşanacağına işarettir.

KAHKAHA

Rüyada kahkaha ile gülündüğünün görülmesi, genellikle hayra yorulmaz, kötü bir haber olarak yorumlanır.

KAHVE

Rüyada kahve içmek, erkek için sonu mutlu olacak bir serüvene atılmak demektir. Genç kız için bu rüya zengin biri ile evliliğe yorulur Kahve rüyaları birkaç şekilde yorumlanırlar. Şekerli kahve içtiğini görmek haram bir mala yorumlanır. Şekersiz kahve ise bir rahatsızlığı ve sonrasında üzüntüyü işaret eder.

KAHVEHANE

Rüyada kahve görmek sorumluğu üstlendiğiniz işin üstesinden geleceksiniz demektir. Kahvehanede oturmak yaşayacağınız bir olayın sizi çok üzeceğini bildiriri

KALABALIK

Rüyada kalabalık gören kimsenin işlerinde bütün engelleri aşarak, güzel bir yaşam süreceğine yorumlanır.

KALBUR

Çevrenizdeki insanların yardımıyla içinde bulunduğunuz zorluklardan kurtulacaksınız demektir. Rüyada kalbur almak anlayışlı biriyle evleneceğine yorumlanır.

KALE

Kale, sıkıntılardan sıyrılacağınıza işarettir. Uzaktan kale görmek, bir yerden başka bir yere taşınacağınız anlamındadır.

KALEM

Yetenekli bir kişi olduğunuzu ve istikbalinizin parlak olduğunu belirtir. Kalemle yazı yazmak istediğiniz şeylerin gerçekleşeceğine yorulur. Hediye kalem alan birisi iyi bir işe girecek demektir. Rüyada kalemin kırıldığını görmek de kalkışacağınız bir işten zarar edeceğinizin haberidir.

KALKAN

Rüyasında kalkan gören kimsenin çevresinde düşmanları olduğunu, dikkatli hareket ettiğini işaret eder.

KALP

Cesaret, akıl, el açıklığına ve adalete yorumlanır. Kalbinde bir korku ve endişe olduğunu hissetmek, rüyayı görenin doğru yola geleceğine yorumlanır. Kalbinde ağrı bulunması, o kimsenin yakın zamanda bir kötülük yapacağına; kalbinde hastalık hissetmesi, münafık bir kimse olduğuna yorumlanır.

KALAYCI

Çok neşeli günlerin yakında geleceğine yorumlanır .

KALDIRIM

Kaldırım sonuç alamayacağınız işlerin peşinden koştuğunuzu işaret eder. Kaldırıma düşmek güzel bir haber alacağınızı bildirir.

KALORİFER

Rüyada kalorifer görmek, bir dönüm noktasına geldiğinize bunun sonucunda ya refah ve mutluluk ya da , dertlerin geleceğine yorumlanır.

KAMA

Rüyada genç erkeğin savunma amacıyla kama çekmesi, girişeceği bir işte kuvvetli bir rakiple karşılaşacağını işaret eder. Yaşlılar için, rekabet nedeniyle ortaya çıkan zorluklara yorumlanır.

KAMARA

Vapur kamarasının görülmesi,i arkadaş sandığınız bir kimsenin size ihanetine maruz kalacağınızı işaret eder.

KAMAROT

Fakir bir kimse için zenginliğine yorumlanır.

KAMBUR

Genellikle hayra yorulmaz, kötü bir haber olarak kabul edilir. Rüyada kambur birisini görmek, hayatınızda bazı olumsuz gelişmeler olacak anlamındadır.

KAMELYA

Başarılı bir aşk macerası habercisi olarak yorumlanır.

KAMIŞ

Rüyayı görenin hiç ummadığı bir anda yakınları karşısında zor ve küçük duruma düşebileceğine işaret eder.

KAMP

Rüyada kamp yaptığını görmek üstlendiğiniz sorumlukta başarısız olacağınızı bildirir. Kamp yeri görmek, sağlığınıza dikkat etmenizi belirtir.

KAMYON

Rüyada kamyon, kedere ve üzüntüye yorumlanır. Böyle bir rüya gören girdiği işten zarara uğrar.

KAMÇI

Kamçı ihtiyaç ve isteklerin sona ermesine yorumlanır. Aynı zamanda kamçı temiz bir arkadaşa işaret olarak yorumlanır.

KAN

Rüyada kan görülmesi, savaş ve felaket haberi olarak yorumlanır. Hayal kırıklığına uğrayacak ve üzüntülü günler yaşayacaksınız demektir. Arkadaşlarınıza dikkat edin demektir. Kan aldırmak dinlenmeniz gerektiğine yorumlanır.

KAN ALDIRMA

Rüyada kan almak, kötülükten ve hastalıktan kurtulmasına işaret eder. Alınan kan sağ elde olursa, gelirinin artacağına ve geçim sıkıntısı çekmeyeceğine yorumlanır.

KANARYA

Kanaryanın öttüğünü duymak, iyi haberler alacağınızın haberidir. Kafeste kanarya görmek aile içinde tartışmalara işaret eder. Rüyada kafesteki kanaryayı serbest bırakmak kötü huylarınızı terk etmeniz gerektiğine yorumlanır.

KANAT

Rüyada kanat görmek iş ve aşk hayatında başarı kazanacaksınız demektir.

KANCA

Başınız sıkıştığında size yardım etmeye hazır dostlarınızın olduğuna işaret eder.

KANDİL SİMİDİ

Rüyada kandil simidi görmek, hayra yorumlanır.

KANGREN

Rüyada kangren kötü ve çok üzücü bir haber almak demektir.

KANDİL

Rüyada kandil yakmak elinize kısa zamanda bol para geçecek demektir. Kandili yanarken görmek, sağlık durumunuzun çok iyi olacağına yorumlanır. Kandilin söndüğünü görmek ise bir hastalığa tutulacağınıza işaret eder.

KANSER

Kanser sağlık durumunun bozulmasına yorumlanır. Rüyanızda kanser yendiğinizi görmek, para derdiniz sona erecek ve zengin olacaksınız demektir.

KANTAR

Mahkemelik bir işiniz olduğuna ve bu mahkeme sonucunda haklı olduğunuzun anlaşılacağına yorumlanır. Kantarda bir şey tartmak vereceğiniz kararlarda daha adil olmanız gerektiğine yorumlanır.

KANUN

Kanun ile ilgili bir rüya görenin, hareketlerinde adaletsiz davrandığı ve davranışlarına dikkat etmesi gerektiği belirtilir.

KAPI KİLİDİ

İşlerin yoluna gireceğine yorumlanır.

KAPI

Rüyada bir kapıdan geçmek, iftiraya uğramak demektir. Kapalı bir kapı görmek önemli bazı fırsatları kaçırdınız demektir.

KAPLAN

Rüyada kaplana binmek veya kaplanı tuttuğunu görmek, rakibini yenecek demektir. Kaplan kuvvetli, kendini beğenmiş, yüksek makam sahibi bir insan olarak yorumlanır. Bir kaplanla karşılaşan kimseye birisi bir iyilik yapar. Yaşlı, zayıf ve tüyleri dökülmüş bir kaplan görmek arzu ettiği yardımın olmayacağı olarak yorumlanır.

KAPLICA

Kaplıca kötü alışkanlıklarının kendisine zarar vereceğine yorumlanır.

KAPLUMBAĞA

Kaplumbağa görmek ya da çorbasını içmek; işlerinin azaldığına ancak bu azalmanın ilerde ona kar sağlayacağına işarettir.

KAPTAN

Rüyada kaptan iyiye yorumlanır. İşler iyileşecek kazanç düzelecek demektir. Hayaliniz olacak anlamındadır. Eğer rüyayı kadınsa, çevresine kıskanç insanlarla dolacağı ve birçok düşmanı olacağına işarettir.

KAR

Kar rüyası iki şekilde yorumlanır. Kışın görülen kar rüyaları iyi sayılır. Bu rüyalar hayatın değişeceğini, güzel günlerin yaklaştığını, dertlerin biteceğini haber verir. Pencereden yağan karı seyretmek, sorunların ve üzüntünün çok kısa sürede son bulacağına ancak bir tehlike atlatılacağına işaret eder. Karda ayak izlerini görmek, güzel bir sürprizle karşılaşacağına yorumlanır. Bembeyaz kar, huzur ve mutluluk demektir. Mevsimsiz görülen kar, ani yaşanacak değişimler yüzünden hayatın alt üst olacağına yorumlanır.

KARA

Rüyada her şeyin kara olduğunun görülmesi zor ve üzüntü verecek bir döneme girişileceği, işlerin bozulacağına yorumlanır.

KARA SİNEK

Kara sinek köyü niyetli ve patavatsız bir kimseyle tanışacağınıza yorumlanır. Rüyada kara sinek yediğinin görülmesi haram yollarla para kazandığınıza işaret eder. Kara sinek öldürdüğünü gören kimsenin düşmanlarını alt edeceğini ve rahat bir dönem geçireceğini işaret eder.

KARABİBER

Karabiber görmek, acı bir haber alacağınızı ifade eder.

KARADENİZ

Karadeniz ile ilgili bir şey görmek, zor durumla karşı karşıya kalınacağına yorumlanır.

KARAKOL

Karakol görmek, hiç ummadığı birisinin iftirasına uğrayacak demektir.

KARANFİL

Anlamı renge göre değişir. Kırmızı karanfil yoğun bir aşka; beyaz karanfil temizlik ve saflığa; alacalı karanfil mutluluğa ve güzel günlere; sarı karanfil, keder ve sağlık problemlerine yorumlanır.

KARANLIK

Karanlıktan korktuğunu veya karanlık bir mekanda olduğunu görmek, atıldığınız işte başarısız olmak demektir. Karanlık odaya ışık vurması, birçok sıkıntının üstesinden geleceğiniz anlamındadır.

KARASEVDA

Kendisini karasevdaya tutulmuş görmek, boş yere kendini üzdüğünü bunun gereksiz olduğunu belirtir.

KARAVANA

Asker karavanası görmek, bir dostunuzla beraber birlikte seyahate çıkacağınıza yorumlanır.

KARDEŞ

Rüyada bir kimse kardeşini görürse, akrabalarından ya da dostlarından güzel alacağına işarettir. Bu rüya erkekler için para durumunuzun iyileşmesi, kadınlar içinse, dertli bir anda hiç ummadığı bir kişiden yardım görmesi demektir. Rüyada öz kardeşini görmek güzel ve sevindirici haber almak anlamındadır.

KARGA

Çevrenizde iki yüzlü, kötü niyetli insanlar var demektir. Karga sesi de insanların tavsiyesi sonucu girdiğiniz bir işten kayıplarla ayrılacağınıza yorumlanır.

KARINCA

Karınca görmek bolluk ve bereket işaretidir. Rüyada karınca yemek veya kendi evine girdiğini görmek evin hayır ve bereketinin çokluğuna yorumlanır. Rüyada karınca görmek, aşırı hırslı biri olduğunuzun ve hiçbir şeyden memnun olmadığınızın belirtisidir. Rüyada görülen karınca uzun ömre yorulur. Karıncayı bir yerden uçuyor görmesi, oradaki hastanın ölmesine işarettir. Karıncayı evinden yemek ile çıkıyor görmesi, onun fakir olmasına yorumlanır. Rüyasında karıncanın bir köye girdiğini görmesi, o köye askerin gireceğine işarettir. Karıncayı evinden çıkarken görmesi onun ailesinin sayısının azalacağına yorulur.

KARİKATÜR

Karikatürü rüyada görmek, çok yakında rahatlayacağınız bir haber alacağınıza ve tanınmış bir kimse ile arkadaşlık kuracağınıza yorumlanır.

KARNAVAL

Karnavalda eğlenmek kötü ve üzücü bir haber alacağınıza yorumlanır.

KARNIBAHAR

Rüyada karnıbahar görmek, büyük miktardaki alacağınızı zor da olsa tahsil edeceğinizin işaretidir.

KARNIYARIK

Rüyada karnıyarık görmek obur olduğunuzu ve bu huyunuzun insanları rahatsız ettiğini işaret eder.

KARPUZ

Karpuz satın almak, yeni bir işe para yatıracağınıza; karpuz kesmek, kötü haber almaya; karpuz yemek dedikodunuzun yapılacağına yorumlanır. Tarladan karpuz almak, bir akrabalarını ya da arkadaşlarınızla kavga edeceğinize yorumlanır.

KARTAL

Rüyada kartal görmek başarının işaretidir. Bir kartal öldürmek dertlerin aşılacağı anlamını taşır.

KARTON

Rüyada karton görmek insanlara karşı çok kırıcı davranıyorsunuz, bu huyunuzu değiştirmeniz gerekir demektir.

KARTPOSTAL

Kartpostal görmek, bir yolculuğa çıkılacağı şeklinde yorumlanır.

KARTVİZİT

Birisinin size yardım teklif edeceği demektir.

KARYOLA

Rüyada karyola gören kimse is nedeniyle sürekli seyahate gideceği anlamına gelir.

KASA

Elinize ya toplu para geçeceğine ya da elinizden toplu para çıkacağına yorumlanır.

KASABA

Kendisini ufak bir kasabada görmek dedikodulardan dolayı üzüntüye uğrayacağına yorumlanır

KASAP

Aileden biri ciddi bir hastalığa yakalanabilir.

KASATURA

Rüyada kasatura, uğraştığınız bir, kesin ve parlak bir başarı kazanacaksınız demektir.

KASE

Dolu kase bir kısmete, boş kase üzüntüye işarettir. Altın veya gümüş kase, çok para kazanmaya ve başarı bir iş hayatına işaret eder. Kaseden bir şey içmek, bir aşk haberi alacaksınız demektir. kaseden su dökmek para kaybetmek anlamındadır.

KASIMPATI

Rüyada kasımpatı gören kimse sevgilisiyle kavga edecek demektir.

KASIRGA

Kasırga davranışlarınıza ve çevrenize karşı dikkatli olmalısınız, aksi halde işleriniz bozulacak demektir.

KASKET

Çok güzel bir iş teklifi alacaksınız demektir.

KAŞ

Rüyada kaş, genellikle iyiye, işlerin ve sağlığın düzeleceğine yorumlanır.

KAŞAR

Kaşar peyniri hayra yorulmaz, bir hastalığın habercisi olarak yorumlanır.

KAŞIK

Rüyada kaşık, bolluk ve bereket demektir. Eğer kaşık dolu ise zenginliğe, boş ise fakirliğe yorumlanır.

KATIR

Rüyada katıra binmek, çok zahmetli bir işten başarıyla çıkmaya işarettir. Katır satın almak aile yaşamınızda bazı sıkıntılara yorumlanır. Katırdan düşmek, işlerinizde para kaybedeceğinize işarettir. Katırdan çifte yemek, ihanete uğramak demektir.

KATIR TIRNAĞI

Katırtırnağı çiçeğini görmek, sizin ince ve sanatçı ruhunda olduğunuzu işaret eder.

KATİL

Bir katil tarafından öldürülüyorsanız, muradınıza eremeyeceksiniz demektir.. Bu rüya gizli düşmanlara sahip olduğunuzu haber verir.

KATLİAM

Rüyada katliam hafif bir hastalığa tutulacağınızı haber verir.

KATRAN

Rüyasında katran gören kimse insanların kötülüğü için uğraşıyor demektir. Ayrıca haram yoldan para gelirine de yorumlanır.

KAUÇUK

Rüyasında kauçuk gören kimse çok sıkıntı çekecek, işleri bozulacak demektir.

KAVAK

Kavak ağacı görmek, ev sahibi olacağınıza, yani arkadaşlar kazanacağınıza yorumlanır.

KAVAL

Kötü bir haber alacağınıza ancak bir süre sonra sıkıntılarınızın geçeceğine yorumlanır.

KAVANOZ

Rüyada kavanoz görmek davranışlarına dikkat etmek ve, harekete geçmeden önce düşünmek gerektiğini, işaret eder. Boş kavanoz, sıkıntı ve yoksulluğun haberidir. Dolu bir kavanoz ise tam tersidir.

KAVGA

Rüyada kavga etmek, uzun yaşayacağınızı ve iş hayatında başarılı olacağınızı ifade eder.

KAVUK

Gelecekte güzel işere atılacaksınız ve bu işlerde başarı kazanacaksınız demektir.

KAVUN

Rüyada kavun görmek, yaşamınızda önemli değişiklikler olacağına yorumlanır.

KAYA

Rüyada kaya gören kişinin, inadından vazgeçmesi, daha anlayışlı olması gerektiği demektir.

KAYAN YILDIZ

Rüyada yıldızın birdenbire kayması, rüyayı görenin üstüne gelmesi, herkes için hayallerin gerçekleşmesi demektir. ayan yıldız suya veya denize düşmesi tam tersi anlamındadır.

KAYIK

Kendisini kayıkta görmek, herkes için küçük eğlenceleri, huzurlu günleri ifade eder.

KAYBETMEK

Rüyada bir şeyi kaybettiğini görmek, geçmişte yaşadığınız günleri özlediğinizi belirtir.

KAYBOLMAK

Kendini koybolmuş gören kişi, kendisini olayların akışına kaptırmış demektir. Bu bıkkınlıktan kurtulması gerektiğini bildirir.

KAYINBİRADER

Rüyada kayın biraderini görmek bir yakınızla aranızın açılacağına yorumlanır.

KAYINPEDER

Rüyada kayın peder yakınlarınızla veya dostlarınızla kavga edeceksiniz anlamındadır. Rüyada kayınpederinizi neşeli gördüyseniz ailenizle hoş zaman geçireceksiniz demektir.

KAYINVALİDE

Kayınvalide, güzel bir haberle büyük miktarda para kazanmaya

KAYISI

Kayısı görmek, güzel bir haber alınacağına yorumlanır. Kayısı yemek şanslı olacaksınız demektir.

KAYIŞ

Rüyada kayış gören kişi acı verecek ve üzüntüye sebep olacak haber alacak demektir.

KAYMAK

Rüyada beyaz kaymak yemek veya kaymak satın almak, gelecek rahatlığı ve mutluluğu işaret eder.

KAYNAK

Bir su kaynağı gören insan, uzun ve sağlıklı yaşam sürer demektir.

KAZ

Kaz görmek çevrenizde sizden yararlanmak isteyen kişiler var demektir. Kaz eti yemek size zararı dokunacak birisiyle ortak hareket edeceğinize yorumlanır.

KAZANÇ

Rüyada bol miktarda gelir sağlandığının görülmesi, tersine elinizden para çıkacağına yorumlanır.

KAZA

Rüyada kan çıkmadığı taktirde kaza iyiye yorulur. Kaza yaşamda iyi değişiklik demektir. Başına bir kaza geldiğini gören insanların hayatı için ve daha isabetli kararlar verir.

KAZIK

Hiç beklemediğiniz birinin hakkınızda dedikodu yaptığı şeklinde yorulur.

KAZMA

Rüyada kazma görmek, umulmadık bir zamanda elinize bol miktarda para geçeceğinin işareti olarak yorumlanır.

KAZMAK

Toprağı kazmak mücadeleli bir hayat sizi bekliyor demektir. Rüyada toprak kazan birisini görmek ise , iş hayatında başarıyı ve servet kazanmayı ifade eder. Yaşlılar için ise bu rüya beklenmedik, büyük değişiklik anlamındadır. kadınlar için de artık şanslı olunduğuna şansa dayalı işlerde başarılı olunacağına yorumlanır.

KEBAP

Rüyada kebap yapmak kolay yollardan para kazanacaksınız demektir. Kebap yemek önemli bir hastalık demektir.

KEÇİ

Keçi görmek muradınıza ereceğinize işaret eder. Bir keçinin saldırısına uğradığınızı görmek, etraftaki insanlara dikkat edilmesi gerektiği anlamındadır.

Keçi sütü içmek emeklerinizin karşılığını alacaksınız demektir.

KEÇİBOYNUZU

Rüyada keçiboynuzu görmek, aslında önemsiz olan bir olay nedeniyle aşırı tepki göstereceğinizin işaretidir.

KEDİ

Uğursuzluğun işaretidir. Eğer rüyada kediyi kovalıyorsanız bu iyi anlam taşır. Dişi kedi kötü bir kadını belirtir. Erkek kedi birisini ısırırsa veya tırmalarsa, o kişi hastalanır uzun süre hasta yatar. Kendisinin kedi şekline dönüştüğünü görmek, kötü işlerden geçimini sağlamak demektir.

KEFAL
Sağlığınızın bozulacağına işarettir.

KEFEN
Kefen görmek, bir doğum ya da ölüm haberi geleceğine yorumlanır. Kendisini kefen içinde görmek, iş hayatında başarılı olacağına işaret eder. Bir başkasını kefen içinde görmek, bir kimsenin ölüm haberini alacaksınız demektir.

KEKEME
Kekeme görmek, çocuk sahibi olacağınıza yorumlanır.

KEKLİK
Rüyada keklik görmek, etrafınızdaki insanların saygısını kazanacaksınız demektir. Keklik eti yemek aile içinde kavga edeceğinizi işaret eder.

KEL
Kel bir adam, dertlerin geldiğinin habercisidir. Rüya sahibi erkekse bu, çok kavgacı bir kadınla evleneceği anlamına gelir. Rüya sahibi kadınsa bu, ileride kocasına hükmedecek demektir. Rüyada kel görmeniz, çevrenizdekileri son zamanda fazlasıyla üzmekte olduğunuzun haberidir.

KELEBEK
Zenginlik ve boşansın habercisidir. Rüyada kelebek, sizin çok ince ve sanatkar ruhlu biri olduğunuza yorumlanır. Kelebeklerin uçtuğunu gördüyseniz, uzaktaki dostlarınızdan ya da yakınlarınızdan güzel haberler alacaksınız demektir. Rüya sahibi kadınsa, sadık biriyle evleneceğine yorumlanır.

KELEPÇE

İnsan kendisini, zincir ve kelepçe vurulmuş olarak görürse, iyi bir şekilde yorumlanmaz.

KEMAN

Rüyada keman, karışık bazı gönül maceralarının başlangıcı olarak yorumlanır.

KEMENÇE

Rüyada kemençe görmek, işlerinizde acele etmeniz gerektiğinin haberidir.

KEMER

Rüyada kemer görmek, dertli duruma düşüleceğine yorumlanır.Hayatınızı etkileyecek ve size uğursuzluk getirecek biriyle tanışacaksınız.

KEMİK

Rüyada kemik görmek genç erkek için, başarılı bir iş yapacağına yorulur. Daha yaşlı erkek için, pek önemsenmeyen bir hastalığın ilerleyeceğine işarettir. Genç bir kız için sanatçıyla evliliğini haber verir.

KEP

Kep takan kimse yeni birisiyle aşk yaşayacak demektir.

KEPEK

Rüyada kepek, büyük maddi bir kazancın elde edileceğine yorumlanır.

KERESTE
Rüyada kereste, ev sahibi olunacağına yorumlanır.

KEREVİZ
Rüyada kereviz görmek, mutluluğun ve zenginliğin belirtisidir. Kereviz yemek, etrafınızdaki insanlar tarafından çok sevildiğinizi anlamındadır.

KERPETEN
Rüyasında kerpeten gören kişi, kendi hatalı hareketleri yüzünden dert içine düşecek anlamındadır.

KERPİÇ
Rüyada kerpiç ya da kerpiçten yapılmış bir ev, kız çocuğunun habercisidir.

KERTENKELE
Üzüntünün habercisidir gammaz bir fitneci olarak tabir edilir.Rüyada kertenkele düşmanlarınızın saldırısına uğrayacağınız anlamına gelir.

KERVAN
Misafir demektir.Uzak bir yerden size çok miktarda misafir geleceğine yorumlanır.

KESE
Rüyada kese görmek işlerinizin iyi gitmesi sonucu büyük miktarda para kazanacaksınız demektir. Rüyada dolu kese ömrünüzün sonuna kadar rahat bir yaşam süreceğinize yorumlanır. Boş kese görmek ise tam tersi anlamdadır.

KESER

Rüyada keser görmek, bir işin menfaatinize uygun bir biçimde son bulacağına yorumlanır.

KESTANE

Genellikle iyiye yorulmaz. Rüyayı görenin ya da bir yakınının sağlık durumunun ciddi bir şekilde bozulacağına ve sıkıntıya yorumlanır.

KETEN

Rüyada keten giymek işlerinizde başarı sonucu zengin olacağınızı işaret eder.

KEVGİR

Dertlerden kısa zamanda kurtulacağınıza yorumlanır. Hayatınızın sonuna kadar rahat, huzur ve mutluluk içinde yaşayacağınıza işaret eder.

KEVSER

Kevser cennet ırmaklarından birinin adıdır. İnsan rüyasında cennette bulunan Kevser nehrinden içtiğini görürse tövbe eder demektir.

KEZZAP

Acı bir haber alınacağına işarettir. Kezzap içmek ise çok önemli bir karar vereceksiniz demektir.

KIL

Bol para kazanmaya ve paranın getireceği mutluluk ve rahata işaret eder.

KILIÇ BALIĞI

Etrafınızdaki insanların tavsiyelerine uymalısınız demektir.

KILIÇ

Hayatınızla ilgili planlarınızı gerçekleştirmek için harekete geçeceğinize yorumlanır. Rüyada kılıç kuşanmak, işinizde yükseleceğinize ve yüksek makama erişeceğinize işaret eder. Kılıçla vurmak bir arkadaşınızın yardımına koşacaksınız demektir.

KINA

Rüyada kına görmek, iş yaşamında iyi işlere girişeceğinize işaret eder. Rüyasında kına yakan kişi, güzel haberler alacak demektir.

KIR ÇİÇEĞİ

Umulmadık, beklenilmeyen eğlence ve ziyafete işarettir. Yakında bir davet alacaksınız demektir.

KIRLANGIÇ

Uzun zamandır haber alamadığınız bir kimseyle karşılaşacaksınız demektir. Kırlangıç yakalamak, sevdiklerinizi çok üzeceğinize yorumlanır.

KIRMIZI

Rüyada kırmızı görmek yakında romantik bir aşk yaşayacaksınız demektir. Bazı tartışmalar yaşayacağınız anlamına da gelir.

KISRAK

Kişinin bütün istediklerine ulaşacağını işaret eder.

KIŞLA

Rüyasında kendisini kışlada gören bir kişi, uğradığı haksızlığa cevap verememenin ezikliğini yaşıyor demektir.

KITLIK

Geçim sıkıntısına düşerek, zor bir dönem geçireceğinize işarettir.

KIVILCIM

Ömrünüzün sonuna kadar zorluk içinde yaşayacağınızı, sıkıntılarla uğraşacağınızı işaret eder.

KIZ

Rüyasında kız çocuğu gören kişi, birçok dertten sonra mutluluğu yakalayacağınıza işarettir. Güzel bir kız çocuğu mutlu, düzenli bir aile yaşamına yorumlanır.

KIZAK

Davranışlarınız ve söyledikleriniz yüzünden insanların kalbini kırdığınızı belirtir.

KIZAMIK

İşleriniz düzene girecek ve çok para kazanacaksınız demektir.

KIZILCIK

Rüyanızda kızılcık toplamak ya da yemek, elinize az miktarda para geçecek, geçim sıkıntısına düşeceksiniz demektir.

KİBRİT

Ummadığınız bir anda yaşamınızda önemli değişiklikler olacak demektir. Rüyasında yanan kibrit gören, genç bir erkek iyi bir para kazanacağı rahatlayacağı yeni bir işe atılacaktır.; Orta yaşlı bir erkek için başkalarının sebep olacağı bir tartışmaya işaret eder. Bekar bir kız için, çabuk gerçekleşen ve mutluluk getiren bir evliliğe işarettir. Evli bir kadın içinse, aile içinde kavgaya ve bazı rahatsızlıklar olacağına yorumlanır.

KİL

Rüyasın da kil gören kişi, bir işte başarısız olacak ve üzüntülü günler geçirecek demektir.

KİLİM

Rüyada bir kimsenin arkasına bir kilim aldığını görmesi veya kilime sarılması, baş insanlara ihtiyaçlarını anlatmasına yorumlanır.

KİLİSE

Rüyada kiliseye girmek rüyayı gören ve bekar ise evleneceğine, evli ise çocuk sahibi olacağına yorumlanır. Rüyada kilise görmek, bilime ve ağlamaya yorumlanır.

KİLİT

Rüyada kapıyı kilitlemek, hayatta herkesten kuşku duyduğuna ve yakın arkadaşlarını kıracağına yorumlanır. Kapının üzerine kilitlenmesi rüyayı görenin bir süre için hafifçe hasta olacağına işaret eder.

KİMYAGER

Rüyada kimyager, iş hayatınızın karışık duruma geleceğini işaret eder

KİRA

Rüyasında ev kiralayan kişi, önemli bir senet imzalamak anlamındadır. Kira vermek ise para durumunuzun iyileşeceği demektir.

KİRAZ

Rüyada kiraz ağacı görmek, sizin ve yakınlarınızın mutlu günler geçireceğine, sağlığınızın tamamen düzeleceğine işaret eder. işlerinizde de başarılı olacaksınız şeklinde yorumlanır. rüyada kiraz görmek yaptığınız İyilikler nedeniyle insanların saygısını kazanacağınıza işarettir. Kiraz yemek ise , sahip olmayı çok istediğiniz bir şeye sonunda kavuşacaksınız demektir.

KİREÇ

Rüyasında kireç gören kişi duygularına karşılık bulur demektir. Kireçle badana yapmak sıkıntıların sona ereceğine işaret eder.

KİRPİ

Rüyada kirpi görmek, yaşamınızda yeni bir döneme gireceğinizi, doğru ve önemli kararlar vereceğinizi ve bu kararlarınızda başarıya ulaşacağınızı işaret eder.

KİST

Rüyada kist gören kişi maddi sıkıntı çekiyor demektir.

KİTAP

Rüyada kitap görmek, güce kavuşacağına ve yükseleceğine yorumlanır. Orta yaşlı erkekler için kitap görmek değişik bir tecrübeye girişileceğine işaret eder. Genç kadınlar içinse bu rüya iş yaşamında başarıya ve yükselişe işarettir. Daha yaşlı kadınlar için rahatlık ve huzurlu bir geleceğe yorumlanır.

KOÇ

Koç, şerefli ve saygın bir adamı işaret eder. Birçok koç beslemek, hasmını yeneceğine yorumlanır.

KOĞUŞ

İçinde bulunduğunuz zor durumdan kısa bir süre sonra kurtulacaksınız demektir. Güzel günlerin geleceğinin habercisidir.

KOL

İşlerinizde kendi kararlarınızı kendiniz vermek zorundasınız demektir. Rüyada kolların olmadığını görmek, başkaları tarafından korunduğuna işaret eder.

KOL SAAT

Rüyada bir insanın kol saati vermesi ya da alması, iki insanın geleceğinin birbirine bağlı olduğuna veya pek yakında birbirlerine yardımda bulunacaklarına yorumlanır.

KOLONYA

Rüyasında kolonya koklayan kişinin, dert içinde olduğuna ve bu dertlerin devam edeceğine yorumlanır.

KOMİSER

Komiser görmek, ileride yüksek makamlara ulaşacağınıza yorumlanır.

KOMİDİN

Rüyasında da komidin gören kişinin, korkulu ve sıkıntılı dönem geçireceğine yorumlanır.

KOMPOSTO

Rüyasında komposto içen kişinin güzel günlere kısa süre sonra erişeceğine yorumlanır.

KONAK

Rüyada konak, başka insanların emri altında çalışmaktan sıkıldığınıza kendi işinizin başına geçeceğinize yorumlanır.

KOMUTAN

Rüyasında komutan gören kişinin, yakın zamanda ün ve şeref sahibi olacağına yorumlanır.

KONSER

Rüyada bir konserde müzik dinlemek, genç bir erkek için, başarı kazanacak bir işe ortakla girmek için fırsatın çıkacağına işarettir. Orta yaştakiler için, işlerinde şansının iyi olacağına ve aile yaşamında mutluluğa yorulur. Genç bir kız için, çok hoşlanacağı bulunacağına; yaşlı kadınlar için, çok değerli bir hediye alacağı demektir.

KOLTUK

Rüyada bir koltuğa oturmak, gerçekleşmeyecek emelleriniz yanlış düşünceleriniz olduğuna yorumlanır.

KOLYE

Etrafınızdaki insanlar tarafından saygı duyulan, sevilen bir kimse olduğunuzu işaret eder. Birsine kolye hediye etmek, aşık olacağınıza yorumlanır.

KOMA

Kendini koma halinde görmek, karşılaşacağınız kötü bir olayın sizi çok etkileyeceğine yorumlanır.

KOMŞU

Rüyasında komşu görmek birtakım dedikodulara uğrayacağınız anlamındadır. Mücadeleli ve tartışmalarla dolu bir döneme girdiğinizi işaret eder.

KONSER

Rüyasında konsere giden kimse, çok şanslı bir döneme girmiş, güzel bir iş teklifi alacak demektir.

KONSERVE

Rüyasında konserve gören kişinin mazide kalan olaylarla uğraşacağına, işlerinizin kötüleşeceğine, sıkıntılı dönemler geçireceğinize yorumlanır.

KONTRAT

Herkes için dikkatli olunması gerektiğini belirten bir işarettir.

KORKU

Eğer rüyada korkuyorsanız, bilinç altında bazı korkularınızın bulunduğuna işarettir. Bu korkular çok yakında ortaya çıkacak ve bu korkularla yüzleşeceksiniz bazı zorlukların üstesinden geleceksiniz demektir.

KORKULUK

Birçok sıkıntıyla karşılaşacaksınız; ancak bu sıkıntıların üstesinden geleceksiniz demektir.

KORNA

Rüyada korna sesi duymak, çok yakın zamanda beklemediğiniz kadar iyi bir durumla karşı karşıya kalacağınıza yorumlanır.

KOŞMAK

Rüyada koşmak, sağlık durumunun hafif bir şekilde bozulacağına yorumlanır.

KORSAN

Rüyada korsan görmek sahte arkadaşlarınız yüzünden yaşamınız tehlikeye girecek demektir. Korsan olduğunuzu gördüyseniz, bu saygınlığınızın kaybolacağına, arkadaş ve akrabalarınızın sizden desteğini çekeceğine yorumlanır.

KOVA

Boş kova görmek, para kaybetmek, dolu kova görmek, para kazanmak; yarı yarıya dolu kova görmek, beklenmedik bir habere yorumlanır.

KOVAN

Rüyasında arı kovanı gören kişi, büyük çapta başarı kazanacak şeklinde yorumlanır.

KOYUN

Rüyada koyun görmek, kadına işarettir. Koyuna ulaştığını gören kimse kadınla evlenecek demektir. Koyunun kendi önünde yürüdüğünü gören kimsenin bir kadına aşık olacağına ancak amacına ulaşamayarak vazgeçeceğine işaret eder. Rüyada koyun sağmak rüyayı görenin, o sene için hayırlı bir iş yapacağı demektir.

KOZA
Koza görmek, yakında ev sahibi olacağınıza yorumlanır.

KÖÇEK
Rüyasında kendisini köçek olarak görmek, işlerinizde yaptığını< hatalar yüzünden zarar edecek, sıkıntıya düşeceksiniz demektir.

KÖFTE
Rüyada köfte görenin oburluk derecesinde iştahlı olduğuna ve bu yüzden huyundan vazgeçmesi gerektiğine yorumlanır.

KÖK
Rüyada kök , çocuk sahibi olunacağına yorumlanır.

KÖLE
Köle görmek sizi korkutan ve size endişe veren şeylerden kurtulacaksınız demektir. Köle olduğunu görmek emeğinin karşılığını alarak, iş yaşamında yükselmeye yorumlanır.

KÖMÜR
Rüyasında kömür ve ocak gören kişinin para ve mal kazanacağına yorumlanır.

KÖPEK
Rüyada kendisine köpek aldığını görmek, onun diğer insanlarla hoş muhabbetler etmesine yorumlanır. Köpeğin ısırdığını görmek, bir iyi arkadaşınız nedeniyle sıkıntı yaşayacağınıza işarettir. Kendisini köpekler uluyor veya havlıyorsa isteklerinin gerçekleşeceğine ve güven içinde olacağına

yorumlanır. Eğer köpekleri öldürdüğünü görürse, düşmanlarını alt edeceğine yorumlanır.

KÖPEK BALIĞI

Köpek balığı görmek, iyiye yorulmaz. Kötü bir haber alınacağına yorumlanır.

KÖPRÜ

Rüyada köprü bazı sıkıntıların üstesinden geleceğinize yorumlanır.

KÖPÜK

İlerde aldığınız tüm işerde başarıya ulaşacaksınız demektir. Sizi çok iyi bir gelecek bekliyor.

KÖR

Rüyasında kişinin kendisini kör olarak görmesi onun her işe atılmaması gerektiğini ve bu insanın hata yapmasını bekleyen düşmanlarının olduğunu gösterir.

KÖRÜK

Yeterince gayret göstermezseniz geçim sıkıntısına düşeceksiniz demektir.

KÖSELE

Rüyasında kösele gören insanın sevgilisinin ondan soğuduğuna ve bu aşkın peşini bırakması gerektiğine yorumlanır.

KÖSTEBEK

Rüyada köstebek, kötülüğünüzü isteyen bazı kişilerin sizi alt etmek için aleyhinizde komplo kurduğuna ve dikkatli olmanız gerektiğine yorumlanır.

KÖŞK

Köşk rahatlık, refah ve saadettir. Rüyada kendisini bir köşk içinde görmek, düşmanına karşı başarı sağlayacağına onu alt edeceğine işaret eder.

KÖY

Rüyada köy görmek çok çalışmaktan dolayı iyice yorulduğunuza, dinlenmeniz gerektiğine yorumlanır.

KÖY İMAMI

Rüyasında köy imamı gören kişinin muradına çok kısa süre içerisinde ereceğine yorumlanır.

KRAL

Rüyada kral görmek, iş yaşamında başarıya kavuşacağınıza yorumlanır.

KRALİÇE

Rüyada kraliçe ile ilgili rüyalar, genellikle iyiye, ün ve şerefe yorumlanır.

KREMA

Eğer sağlığınıza dikkat etmezseniz ciddi bir hastalığa yakalanabilirsiniz demektir.

KRİSTAL

Rüyada kristal görmek aşk ve iş yaşamınızda bazı sıkıntılar yaşayarak, ruh sağlığınızın bozulacağına yorumlanır.

KROM

Rüyasında krom gören kişinin, iradesinin sağlam olduğuna ve elini attığı her işte başarı kazanacağına yorumlanır.

KUBBE

Rüyada kubbe gören kişi bekar ise evlenecek; evli ise eşini aldatacak demektir.

KUĞU

Rüyasında kuğu gören kişinin, çok iyi kalpli birisi ile evleneceğine yorumlanır.

KULAK AĞRISI

Önemli bir işinizin çözümleneceğine işarettir.

KULE

Uygunsuz davranışlarınız hem size hem de çevrenizdeki insanlara zarar veriyor demektir. Davranışlarınıza dikkat etmeniz gerektiğini bildirir.

KULÜBE

Rüyasında kulübe veya yazlık bir evde oturduğunu gören bir kişinin, çok sevdiği birinin misafir olacağına yorulur. Bir kadın için, hoş bir sürpriz veya güzel bir armağan sahibi olacağını işaret eder.

KUM

Geçmişte yaşadığınız sıkıntıları artık yaşamayacaksınız anlamındadır. Rüyada kum görmek, para ve mal demektir.

KUM SAATİ
Vaktinizi hiçbir yararı olmayacak işlerle harcıyorsunuz demektir.

KUMA
Daima kötüye yorulur. Hastalığa, kötü şansa ve işlerinizin kötüleşeceğine işarettir.

KUMARHANE
Bir yakınınızı size ihanet edeceğine yorumlanır.

KUMAR
Rüyada kumar oynayıp kazanmak, kötü ve şahsiyetsiz insanlarla çevrili olacağınıza işaret eder. Eğer kumarı kaybederseniz, hareketleriniz nedeniyle bir yakınınıza zarar vereceksiniz demektir.

KUMBARA
Rüyanda kumbara, gören kimsenin, büyük miktarda para kaybına uğrayacağına yorumlanır.

KUMAŞ
Rüyada kumaş görmek, derde düşüleceğini işaret eder.

KUNDAK
Rüyada bebek kundağı görmek,i pek yakında muradına erecek anlamındadır.

KUNDURA
Rüyasında yeni bir kundura giyen kişinin evleneceğine

veya servet sahibi olacağına; eski kundura giyen kişinin derde düşeceğine yorumlanır.

KUNDUZ

Rüyasında kunduz gören insan için güzel bir aşk hayatının başlayacağına işaret eder.

KURANI KERİM

Rüyada kuran görmek, iyiliklerin, güzelliklerin ve mutlulukların işaretidir. Çok güzel bir rüya olan Kuran görmek rüya sahibinin Tanrı tarafından i korunduğunun işaretidir. Hasta bir kimse rüyasında Kuranı Kerimi görürse, hastalıktan kurtulur. Kuranı Kerimi satın aldığını görürse, o kimse her türlü kötülükten kurtulur.

KURBAĞA

Çok akıllı ve bilgili bir arkadaşınızın olduğuna ve onun öğütlerine önem vermeniz gerektiğine işaret eder. Rüyasında kurbağa görmek veya sesini işitmek, bir grup tarafından başkan seçileceğine; kurbağayı zıplarken görmek, birileri tarafından izlendiğine yorumlanır. Çok yakın bir iyi arkadaşınız olduğuna da işaret eder. alın.

KURAKLIK

Tam tersine yakın zamanda yakında bolluk ve bereketle kavuşulacak anlamındadır.

KURBAN BAYRAMI

Rüyasında Kurban bayramı gören kişi için geride kalmış bir sevincin geri gelmesine, isteğe ve her türlü tehlikeden kurtuluşa yorumlanır. Kendisini Kurban bayramında görürse, eğer bu kişi hapiste ise kurtulacağına, borcu varsa borcunun ödeneceğine yorumlanır. Kendisini Kurban bayramı

KURBAN KESMEK

Rüyasında kurban kesen kişi için, borçlu ise borcunu ödeyeceğine ve servet sahibi olacağına eğer istiyorsa hacca gideceğine, hasta ise iyileşeceğine yorumlanır. Hasta kurban kesen ölür.

KURDELE

Kurdele kesmek neşeli arkadaşlar kazanacağınıza ve mutlu olacağınıza işaret eder. Eğer kurdele siyahsa sıkıntılı bir hayat geçireceksiniz; eğer siyah değilse, bu çok neşeli bir hayat süreceğiniz anlamındadır.

KURŞUN

Rüyasında kurşun gördüğünü gören kişi iş yaşamında bazı başarısızlıklara ve mağlubiyetlere uğrayacağınızın, çevrenizde bulunan insanlara dikkat etmezseniz n ihanete uğrayacağınızın belirtisidir.

KURT KÖPEĞİ

Kurt köpeği görmek, iyi bir arkadaşınızdan boşuna kuşku duyacağınıza yorumlanır.

KURUYEMİŞ

Rüyada kuruyemiş görmek, yaptığı işlerde kârının artacağına; kuruyemişin kırılması ise, sevmeyeceği birisiyle tanışacağına; yemişleri yemesi, endişeye düşeceğin işaret eder.

KUSMAK

Düşünmeden hareket ettiğinizi, bu durumun ilerde sizi zor duruma düşüreceğini işaret eder.

KUŞAK

Rüyasında kuşak gören kişinin, güvenli bir iş anlaşması yapılacağına yorumlanır.

KUTU

Rüyada kutu görmek yolculuğa çıkacağınıza yorumlanır. İçi para dolu kutu görmek de güzel bir maaşla emekli olacağınıza yorumlanır.

KUŞ

Rüyada kuş görmek mutluluğun ve bereketin simgesidir. Yaralı bir kuş, dertli günlerin geleceğinin habercisidir.

KUYRUK

Rüyasında kendisini kuyrukta beklerken gören kimse eğer sabır gösterirse, ilerde çok başarılı olacak demektir. Kendisinin kuyruğu olduğunu görmesi yeni insanlarla tanışacağına yorumlanır.

KUYRUKLU YILDIZ

Rüyada kuyruklu yıldız, büyük bir servet kazanacağınızın ve şansınızın açıldığını işaret eder. Yıldız ne kadar parlaksa servette o kadar büyük olur.

KUYU

Kuyudan su çekilmesi, bir erkek için, yaptığı kötü bir iş nedeniyle uyarılacağına; orta yaşta bir erkekse, yeni bir işe girişeceğine yorumlanır. Eğer bu rüyayı genç bir görürse gören kadına teklif yapılacağına; evli kadın ise, tehlikeli bir olayla karşılaşacağına yorulur.

KUYUMCU

Rüyasında kuyumcu gören insanın sahtekarlık ve yalancılıkla karşılaşılacağına işarettir. Bu rüya aynı zamanda ilme, doğru yola, evlada ve evlenmeye yorumlanır.

KUZGUN

İşlerinizde yaşayacağınız problemleri, çevrenize yansıttığınıza işaret eder.

KUZU

Rüyada kuzu güzel bir çocuk sahibi olacağına yorumlanır.

KÜKÜRT

Rüyasında kükürt görmek, yorgun olunduğuna ve bir süre dinlenmeniz gerektiğine yorumlanır.

KÜL

Rüyada genç bir erkeğin rüyasında kül görmesi, çok iyiye yorulur. Pek yakında karlı ve para getirecek işlere başlayacağına işarettir.; Bekar bir kız bu rüyayı görürse hayal kırıklığı yaşayacağına yorumlanır. Yaşlı bir kadın için, kötü niyetlerden vazgeçmesine yorumlanır.

LABORATUVAR

Rüyada laboratuar görmek sağlığınıza dikkat etmeniz gerektiğini aksi taktirde çok ciddi bir hastalığa yakalanabileceğinizi işaret eder.

LACİVERT

Rüyada lacivert görmek, resmi bir toplantıya davet alacağınıza yorumlanır.

LADES KEMİĞİ

Rüyada lades kemiği ile ladese tutuşan, son zamanlarda iş yaşamında büyük bir hata yapmış demektir.

LAHANA

Rüyada lahana hayatınızda birçok sıkıntı yaşayacaksınız demektir. Eğer lahana yeşilse, aşk yaşamınız altüst olacak; evliyseniz, eşiniz size ihanet edecek ve sizi çok üzecek demektir.

LALE

Çok güzel ve iyi bir kimseye aşık olacağınızı işaret eder. Lale dikmek çevrenizdeki insanlara yardımda bulunacağınıza işarettir. Laleyi koparmak işleriniz düzelecek demektir.

LAMBA

Rüyada ışık veren her şey gibi lamba da iyiye yorumlanır. Rüyasında lambayı yakan kişi, istediği işte başarı kazanır. Elinde lambayla yürüyen kimsenin hayatında güzel bir şey olur demektir. Lambanın çatlaması yada kırılması bir felakete yorumlanır. Rüyasında lamba yakan genç bir erkek için, çok sıkıntılı bir duruma düşeceğini; orta yaşlı bir erkek için ise hayatta başarıya ulaşmak için, henüz yeterince tecrübeli olmadığı demektir. Genç bir kız için bu rüya hoş ve eğlenceli bir yemeğe gideceğine; yaşlılar için ise , iyi bir işte beklemediği derecede şanslı olacağına yorumlanır.

LASTİK

Rüyada lastik görmek, iki yüzlü bir kişiyle tanışacağınıza, onunla bir iş yapmaya kalkıştığınızda büyük zarar edeceğinize yorumlanır. Bu işten hem para hem de saygınlığınızı kaybetmenize neden olacaktır. Rüyasında bir yere lastik diktiğini gören kimse etrafındakilere fikirlerini kabul ettirebilecektir. Parça halinde lastik herkesi hayrete düşürecek bir olaya yorumlanır.

LAV

Rüyada yanardağdan akan lav görmek , büyük bir aşk macerası yaşamak anlamındadır. Bu aşka çok dikkat etmeniz gerekir.

LAVANTA

Rüyada lavanta çiçeği olağanüstü şaşırtıcı birtakım durumlarla karşılaşılabileceği demektir.

LEBLEBİ

Rüyada leblebi görmek iyi olmayan bir işten gelen paradır. Leblebi yiyen bir kişi bir borcu ödemeye mecbur olacak demektir. Leblebi aldığını gören bir kimse birine kefil olacaktır. Leblebi kavurduğunu görmek i başkalarının yüzünden borca girmek demektir. Rüyada leblebi yenmesi, karaciğer ve siroz hastalığı kabul edilir.

LEKE

Rüyada leke tatsızlık, hoşa gitmeyen durum, kötü olaylar demektir. Elbisesinde leke olduğunu gören kişi dert alır. Rüyada lekeyi silmeye çalışmak, başka insanların sıkıntılarıyla uğraşmaktadır. Vücutta leke olduğunun görülmesi paraya yorumlanır.

LEOPAR

Rüyada leopar rakiplerinizin çok önemli sırlarınızı ele geçirerek işlerinizi altüst edeceğine yorumlanır.

LEVHA

Çok güzel geçecek bir iş yolculuğuna çıkacaksınız demektir.

LEYLAK

Güzel ve çok iyi niyetli birisine aşık olacağınıza işaret eder.

LEYLEK

Rüyada leylek bilgili, nazik, sakin, dengeli, iyi niyetli, hikmet sahibi biri olarak yorumlanır. Uçan bir leylek gören çok güzel haber alır. Rüyasında leylek gören için bu rüya, seyahat demektir. Aynı zamanda leylek görmek, evlilik veya çok iyi arkadaş edineceği demektir.

LİKÖR

Eğer sağlığınıza dikkat etmezseniz hastalığa yakalanabilirsiniz demektir. Rüyada likör içmekte yaptığınız işler nedeniyle herkesin gözünün sizin üzerinde olduğuna yorulur.

LİMAN

Rüyasında liman gören kimse, gelecekte çok mutluluk verecek haberler alınacak demektir.

LİMONATA

Limonata içmek, bir yerden güzel r haber alınacağı anlamındadır.

LİMON

Rüyada limon yemek veya görmek, bazı hayal kırıklıkları uğrayacağınıza yorumlanır. Etrafında onu kıskanan insanlar var demektir.

LİSE

Rüyada lisede okuduğunu gören kimsenin sabırlı ve gayretli olursa çok başarılı olacağına işaret eder.

LOHUSA

Bu rüya, erkekler için, güzel bir iş habercisi olarak kabul edilir. Kadının kendisinin loğusa olduğunu görmesi geçici bir rahatsızlık; yatağından kalkmış görmesi ise iyiliğe ve sağlığa yorumlanır.

LOKANTA

Rüyasında temiz bir lokantada yemek yediğini görmek, istediği bir işin gerçekleşmesi demektir. Eğer lokanta kalabalık ise, bu iş için rakiplerinizle mücadele etmek zorunda kalınacağınızı belirtir.

LOKMA

Rüyada lokma tatlısı yemek kısmet ve paradır.

LOKOMOTIF

Rüyada lokomotif İş yaşamında kariyer sahibi olacak, birçok güzel yolculuğa çıkacaksınız demektir. Hasar görmüş ya da raydan çıkmış bir lokomotif, dertli günlerin geldiğini bildirir.

LOKUM

Rüyada lokum yemek kısa zamanda mutluluk verici bir haber alır. Bu haber sayesinde günleri mutlu geçer demektir. Rüyasında bir kutu lokum alan kimsenin hayatı gönlüne göre olur. Lokum ikram etmek başka insanları sevindirmek demektir.

LÜLETAŞI

Çevrenizde iki yüzlü insanlar var demektir. Eğer dikkat etmezseniz, bu insanlar sizin ayağınızı kaydıracak demektir.

MAAŞ

Rüyasında maaş aldığını görmek, elden büyük miktarda para çıkacağına ancak bu paranın çok daha fazlasının elde edileceğine yorumlanır.

MACUN

Rüyada macun görmek hastalıkların iyileşeceğine yorumlanır.

MAÇ

Rüyada maç izlemek, zamanınızı boşa geçirdiğinizi işaret eder

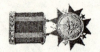

MADALYA

Madalya ile ödüllendirilmek, yeteneklerinizin sonunda ödüllendirileceğine ve işinizde en yüksek makama çıkacağınıza yorumlanır. Rüyada kendinizi kişilere veya kurumlara madalyalar dağıtıyor görmek, daha önce tanışmadığınız birinin size hizmette bulunacağına yorumlanır.

MADALYON

Rüyasında madalyon gören genç kız, çok kısa zaman içinde nişanlanır veya evlenir demektir. Nişanlılık veya evliliğin mutlu geçip geçmeyeceği madalyonun rengine ve türüne bağlıdır. Gümüş madalyon saflığı, temiz aşkı simgeler. Gümüş madalyon bu birlikteliğin çok iyi geçeceğine yorumlanır. Rüyasında bir madalyon alan veya bulan erkek aklında olan gibi kişiyle tanışır ve evlenir.

MADEN SUYU

Rüyada maden suyu veya sodası görmek, midenizin rahatsız olduğunu işaret eder.

MADEN

Rüyasında maden ocağında çalışan kimse refaha ve mutluluğa erer, emeklerinin karşılığını fazlasıyla alır demektir.

MADENCİ

Rüyasında başka madencilerle birlikte maden ocağına inen kişi erkekse bir arkadaşıyla anlaşma demektir. Tecrübeli bir adam için bu rüya işini büyüteceğine, bekar bir kadın için varlıklı birisiyle evleneceğine; evli bir kadın için de şansının çok iyi olduğuna yorumlanır.

MAĞARA

İnsanın rüyasında mağara görmesi, hayatı boyunca sırtını dayayabileceği büyüklere ve üstatlara yorumlanır. Mağara bazen de işlerini başkasından gizlemeye, örtmeye ve her türlü tasa ve şiddetlerden kurtuluşa yorumlanır. Eğer rüyayı gören hasta tutukluysa bunlardan kurtulmasına yorumlanır.

MAĞAZA

Genç bir erkek için yararlı bir işe işaret eder. Orta yaşlılar için kârlı bir işe yorumlanır. Kadın için aile yaşamının güzel, ömrünün uzun olacağına yorumlanır. Rüyasında büyük, güzel bir mağaza gören kimsenin umutları gerçekleşecektir. Rüyasında alış veriş yaptığını gören kimsenin hayatında olumlu bir değişiklikler olacaktır. Mağazada yangın çıktığını gören kişi sırlar bir şey öğrenir.

MAĞLUBİYET

Rüyada bir konuda mağlup olunduğunun görülmesi aynı konuda galip gelineceğinin işarettir.

MAHALLE

Rüyada mahalle görmek komşularınızla bazı sorunlar yaşayacaksınız demektir.

MAHKEME

Rüyada mahkeme görmek çok hayırlıdır. Ceza mahkemelerini görmek ise, sıkıntı ve şiddetle yorumlanır. Mahkemede dinleyici veya şahit olarak bulunmak sizi heyecanlandıracak olaylarla karşı karşıya olduğunu belirtir. Arkadaşlarınız, başınız çok sıkıntı açacaklar anlamındadır.

MAHKUM

Rüyada mahkum gören kimse kötü haberler alacak demektir. Eğer kendinizi mahkum olmuş gördüyseniz, özel hayatınızda yaşamınızda bazı sorunlar ve üzüntülerle karşılaşacaksınız demektir.

MAHMUZ

İşlerinizin kısa bir süre bozulacağına; ancak tekrar düzeleceğine işaret eder.

MAHYA

Sabrınız ve çalışkanlığınız sayesinde iş hayatınızda çok başarılı olacaksınız demektir. Yakında terfi edeceksiniz anlamındadır.

MAHZEN

Yer altında mahzen görmek, birisine kefil olacağınıza ve borcu ödemeye yorumlanır. Bir mahzenin yıkılmış ya da tamamen kapanmış görülmesi, o kimsenin, eğer annesi hasta ise öleceğine yorumlanır.

MAKALE

Rüyada makale yazmak ilgilendiğiniz her işte başarı kazanacaksınız demektir. Makale okumak ise size yararı olmayacak işlerle vaktinizi geçiriyorsunuz demektir.anlamındadır.

MAKARA

Rüyada iplik sarılı makara görmek, iş yaşamınızın kolaylaşacağına ve düzeleceğine; kuyu ve halat makarası görmek ise çok emek harcayacağınız işlere yorumlanır.

MAKARNA

Rüyada makarna ufak zararlara uğrayacaksınız demektir. Rüya sahibi bir kadınsa, yakında bir erkekle ilişkiye gireceğine yorumlanır.

MAKAS

Eline makas almak güçlenmek demektir. Evli bir kadın makas görürse bir kız çocuk sahibi olur. Makas görmek bazen ikiz kız çocuk anlamına da gelir. Parlak çelik makas görmek başarı demektir. Rüyada makası kullanarak saç kesmek bir yolculuğa çıkmak demektir. Elinde makas gören adamın erkek veya kız kardeşi olur. Adam bekar ise evlenecek demektir. Makasla bir şey kestiğini görmek iş yaşamınızda iyi bir fırsatın çıkacağına yorumlanır.

MAKBUZ

Rüyada bir makbuz veya fatura karşılığını ödemek, iyiye yorulur. Rüyada, fatura veya makbuz vermek, işinizin iyiye gideceğine ve iş yaşamınızda büyüyeceğinize yorumlanır. Rüyada bir makbuzu veya faturayı kaybetmek kötü haber beklerken çok güzel haberler alacağınıza yorumlanır. Rüyada bir faturayı ödemeyi unutmak bir sorumluluktan kurtulmaya çalıştığınızı belirtir.

MAKET
Rüyada maket görmek, kötü haber olarak yorumlanır.

MAKİNE
Rüyada bir makine görmek, çok para kazandıracak bir iş girişiminde bulunacağınıza yorumlanır.

MAKİNİST
Rüyada makinist, girişeceğiniz işte başarısız olmamak için başkalarının da tavsiyelerine dikkat edin demektir.

MAKYAJ
Rüyada makyaj la ilgili bir şeyler görmek iyiye yorulmazlar. Bu tür rüyalar aldatma, kandırma şeklinde ifade edilir. Makyaj yapan kimse aldatacak olan da o kimsedir. Makyaj yapanı tanınmıyorsa yabancı biri tarafından kandırılacaktır.

MALAK
Davranışlarınıza dikkat etmezseniz çevrenizdeki insanları teker teker kaybedeceksiniz demektir.

MANDA
Başınız sıkıştığında yardım isteyebileceğiniz güçlü ve cesur dostlara sahipsiniz demektir.

MANDALİNA
Rüyada mandalina yemek, sıcak yerlere güzel bir geziye çıkacağınız demektir.

MANDOLİN

Rüyada mandolin görmek yakınlarıyla ve arkadaşlarıyla neşeli günler geçirecek demektir.

MANGAL

İşlerinizin düzeleceğine, para sıkışıklığını aşacağınıza yorumlanır. Mangal yakmak karlı bir iş için girişimlere başlamak demektir.

MANKEN

Rüyada manken görmek biraz daha cesaretli olursanız elinizi attığınız her işte başarılı olacağınızı işaret eder.

MANOLYA

Uzun zamandır haber alamadığınız bir yakınızla tekrar buluşacaksınız, bu olay sizi çok sevindirecek demektir.

MANTAR

Rüyada yenilen mantar bir süre mutluluk veren ancak güzellik getirmeyen bir iş, haram karışmış para demektir. Zehirli mantar toplamak görmek rüyayı görenin başı yanlış işler nedeniyle belaya girecek demektir.

MANTI

Rüyada mantı yediğini görmek sevdiği arkadaşlarından birinin ihanetine uğramak demektir.

MANTO

Rüyada yeni ve temiz bir manto görmek iyi ve mutluluk getirecek bir kısmet olarak yorumlanır. Yırtık, pis bir manto görmek ise derttir.

MANZARA

Rüyada manzara görmek başarılı ve saygı sahibi olacağınız anlamında dır.

MARANGOZ

Rüyada marangoz görmek küçük bir işyerinde çalışmaya başlayacak, fakat zamanla başarı ve para elde edeceksiniz demektir.

MARGARİN

Rüyada margarin yemek, mide rahatsızlığı olduğuna işaret eder.

MARMELAT

Rüyada marmelat yemek, ilk başta kötü şartlarda koşullarla başlayan bir işin, sonunda başarının geleceğine yorumlanır.

MARTI

Rüyada martı gören kimse, uzun zamandır beklediği, mutluluk verecek haberi alacak demektir.

MARUL

Rüyada marul görmek, çok hırlı ve aç gözlü birisi ile tanışacağınız işaret eder.

MASA

Rüyada Masanın üzerinde yemekleri hazır görmek varlığa, rahata; üstü boş masa görmek, yoksulluğa yorumlanır.

MASAJ

Rüyada masaj yapmak, dinlenmeye ihtiyacınız olduğunu bildirir. Birine masaj yapmak ise yeni bir aşk yaşayacağınıza işaret eder.

MASAL

Masal dinlemek, bazı hayallerin gerçekleşebileceğine yorumlanır.

MASKE

Rüyada maske görmek, bazı sırlarınızın etrafınızdakiler tarafından öğrenileceğine yorumlanır. Rüyada maskeli baloya gitmek mutluluk verecek haber alınacağına yorumlanır.

MAŞA

Rüyada maşa görmek sevdiği bir kimseye kavuşacağına, güzel haberler alacağına yorumlanır.

MATARA

Helal yoldan bol miktarda para kazanmak demektir. Mataradan su içmek mirasa konacağınıza işaret eder. Matara aldığını görmek de güzel ve mutlu bir evlilik yapacaksınız demektir.

MATBAA

Rüyasında bir matbaa gören kişi, devletle olan bir işinin yoluna gireceğini bildirir. Yine bu rüya işlerinizin iyiye gideceğine işaret eder.

MATEM

Matem ile ilgili rüyalar, genellikle güzel günlerin habercisi olarak yorumlanır.

MATKAP

Rüyada matkap görmek, dalavereci ve çok kötü huylu bir adama yorumlanır.

MAUN

Maundan yapılmış eşya görmek çevrenizdeki insanların saygısını kazanacak işler yapacaksınız demektir.

MAVİ

Rüyada mavi renk görmek, aile hayatında içinde güzel günler geçireceğinize yorumlanır. Rüyada mavi gök görmek, aşkta sevdiğinize sadık olacağınıza işarettir.

MAVNA

Üstlendiğiniz bütün işlerde başarı kazanacağınıza işaret eder.

MAVZER

Endişelerinizin yersiz olduğunu işaret eder.

MAYA

Rüyada maya görmek, ruh hastalığına yorumlanır. Hamur mayalamak, yeni işlere atılmak için hazırlık yapmak demektir.

MAYDONOZ

Rüyada maydanoz görmek, uzun zamandır rahatsız olduğunuz mide hastalığının iyileşeceğine yorumlanır. Sağlıklı, başarılı ve güzel bir yaşamınız olacak demektir. Maydanoz yediğini görmek sağlıklı olacağınızı, iş hayatında çok çalışmanız gerektiğini belirtir.

MAYMUN

Rüyada maymun görmek; çok ahlaksız bir kimseye yorumlanır. Maymun görmek, büyük günahlar işlemek demektir. Maymunun yanından kaçıp gittiğini görmesi hasmını yenmesi demektir. Maymunu omzuna alması, hırsızlık yapacağına yorumlanır.

MAYMUNCUK

Rüyada maymuncuk görmek çok kısa bir süre sonra merak ettiğiniz bir konuyu öğreneceğinize yorumlanır.

MAYO

Rüyasında mayo gören kimse yeni arkadaşlara sahip olacaksınız demektir.

MAYONEZ

Rüyada mayonez görmek, davranışlarınıza dikkat etmeniz gerektiğini, bu düşüncesiz davranışlarınızdan dolayı çevrenizdeki insanları kıracaksınız demektir.

MAYTAP

Rüyada maytap görmek, eğlenceli ve neşeli günlerin geldiğine yorumlanır.

MECNUN

İş hayatınızda çok yorulacağınız için dinlenmeniz gerekir demektir.

MEDDAH

Arkadaşlarınızla çok eğlenceli vakit geçireceğinize işaret eder.

MEHTAP

Rüyada mehtap görmek, güzel bir aşk macerası yaşamak demektir. Ancak sağlığına dikkat etmeli demektir.

MEHTER

Rüyada mehter takımı görmek ya da bir mehter marşı dinlemek, etrafınızda büyük bir sevinç havasının eseceğine ve düğün:derneğe yorumlanır.

MEKTUP

Rüyada bir mektup yazan kimse bir isteğine ve olumlu cevap alır. Mektup yazıp zarfa koyan kişi işinde başarılı olacak demektir. Rüyada evine postacının mektup vermek veya postacıdan mektup almak, birisine mektup yazacağına yorumlanır. Erkekler için işinde yükselmeye; iş yapan birisi için daha fazla para kazanmaya işaret eder. Çalışan kadınlar için de bu geçerlidir. Ev kadınının ise çok iyi zaman geçireceğine ya da bir toplantıya, davete katılacağına yorumlanır. Genç kızlar için ilginç bir aşk anlamındadır. Mektup rüyaları da genel olarak belge ve kağıt gibi yorumlanır.

MELEK

Rüyada melek görmek güzel bir haber alacağınıza yorumlanır. Eğer melek size doğru geliyorsa, yaşam tarzınızı değiştirmeniz gerekir anlamındadır. Rüyada meleklerle konuşmak veya onlardan bir şey almak, o kimsenin, şehit olacağına işaret eder. Meleklerin bir yere indiğini görmek eğer sıkıntı ve şiddet ve dert içindeyseler, kurtulacaklarına yorumlanır.

MEME

Rüyada kadın memesi görmek, bir kız çocuğunuzun olacağına, eğer bekarsanız çok yakında evleneceğinize yorumlanır.

MEMUR

Rüyada memur görmek, çok kötü yorumlanır. Rüyada memur dert, bekleme, yorgunluk, işlerin aynı düzeyde kalması demektir.

MENDİL

Rüyada mendil almak veya vermek ayrılığa yorumlanır.

MENDİREK

İş yaşamında büyük başarılar elde edeceksiniz demektir.

MENEKŞE

Rüyada menekşe görmek rüyayı görenin, bilgili ve uzun ömürlü olacağına yorumlanır.

MENENJİT

Rüyasında menenjit hastalığına yakalandığını gören kimse isteklerinizi gerçekleştiremeyecek, büyük hayal kırıklığı yaşayacaksınız demektir.

MENGENE

Rüyada mengene görmek, bir dertten çok yakında sıyrılacağınıza ve çok fazla miktarda para geçeceğine, uzun zamandan beri beklediğiniz bir haber alacağınıza, yakınlarınızdan birinin evleneceğine yorumlanır.

MENTEŞE

Rüyada menteşe görmek, çok yakında dara düşeceğinize yorumlanır.

MERA

İşlerinizin ve hastalığınızın düzeleceğine, moralinizin iyi olacağına işaret eder.

MERASİM

Rüyada bir merasime katılmak, iş hayatınızda büyük başarılar kazanacağınıza, bunun sonucunda da servet sahibi olunacağına işaret eder.

MERCAN

Rüyada mercan görmek, zenginlik işaretidir. Çok güzel bir kızla aşk yaşayacağınıza yorumlanır.

MERCEK

Dostlarınızın tavsiyelerine kulak asmanız gerektiğine, aksi taktirde, onların kalbini kıracağınızı işaret eder.

MERCİMEK

Rüyada mercimek görmek, bir yakınınızın sizin aşk hayatınıza yönelik olarak komplolar kurduğuna yorumlanır.

MERDANE

Rüyada merdane görmek, dertli günlerin başlangıcına yorumlanır.

MERDİVEN

Rüyada merdiven çıkmak, güzel bir iş yapıp, üne ve üst makamlara ulaşmaya yorumlanır. Merdiven inmek çok önemli bir fırsatı kaçırmaya işarettir. Merdivenin kırıldığını görmek hasmının onu mağlup edeceğine yorumlanır.

MERHEM
Rüyada merhem görmek, bir hastalık başlangıcı haberidir.

MERMER
Rüyada mermer görmek büyük uğraşlar sonucunda başarıya ulaşacağına ve de bu başarının sürekli olacağına yorumlanır.

MERMER OCAĞI
Rüyada mermer ocağı görmek, yeni bir iş yeri açacağınıza yorumlanır.

MERYEM ANA
Huzurlu ve rahat içinde, sıkıntıdan uzak bir yaşam süreceğinize işaret eder.

MESAJ
Rüyada size mesaj geldiğini görmeniz yaşamınızda bazı değişiklikler olacak demektir. Mesaj yollamak ise, sıkıntılarla karşılaşacağınız anlamına gelir.

MESCİT
Dürüst davranışlarınızın sonucunda çevrenizdeki insanların saygısını ve sevgisini kazanacaksınız demektir. Mescitte namaz kılmak muradınıza ereceğinizi belirtir. Mescit yaptırmak ta sevdiklerinizin bir araya geleceği bir toplantıya yorumlanır.

MEŞALE
Rüyada meşale görmek, eğitim hayatınızda büyük başarılar kazanacağınıza yorumlanır. Elinde yanan bir meşale

tuttuğunu görmek hayatta çok başarılı olmak demektir. Sönen ve tüten meşale başarısızlık ve derttir.

MEŞE AĞACI

Rüyasında meşe ağacı gören ya da gölgesinde oturup dinlenen, genç bir erkekse hedeflerine ulaşabilmesi için çok fazla çalışması gerektiğini işaret eder. Daha yaşlı ise yakın bir arkadaşının yardım isteğine işarettir. Dul bir kadın için meşe ağacı kendisinden çok yaşlı birisiyle evlenmesine yorulur. Evli ise zor işte başarı kazanacağına yorumlanır.

MEŞHUR

Rüyada meşhur birisini gören kimse geleceğini rahat ve bolluk içinde yaşar demektir.

METRES

Rüyada metres tuttuğunuz ya da birisine metres olduğunuzu görürseniz, böylesine bir rüya başınızda büyük bir felaket dolaşmakta olduğuna yorumlanır

MEVLİT

Dinlemek, düşkün insanlara yardımda bulunacağınızı işaret eder. Rüyada mevlit okumak ise çevrenizdeki insanların saygısını kazanacaksınız anlamındadır.

MEYDAN

Rüyada meydan görmek, iyi haber alınacağına yorumlanır. Artık sıkıntılardan kurtuldunuz demektir.

MEYHANE

Rüyada meyhane görmek, rüyaların en hayırlısıdır. Bu rüya iş ve aşk hayatında, sağlık durumunda güzel şeyler olacak; iyi arkadaşlar kazanacak, elinize bol para geçecek demektir.

MEYVE

Rüyada meyve ağacı görmek, hayırlı bir iş yapacağını, bu sayede zenginliğinin ve saygınlığının artacağını işaret eder. Meyve yemek pek de hayırlı bir rüya olarak yorulmaz. Ağaçta olgunlaşmış meyve görmek bolluğun ve bereketin işaretidir. Yeşil ve olgunlaşmamış meyve, ise bazı kararlar alırken sakin olmanız gerektiğine işaret eder. Meyve yemek, mutluluk demektir.

MEYVE BAHÇESİ

Dolaşmak çok hayırlı bir rüya olup, mutlu ve rahat bir gelecek demektir. Meyve toplamaksa iyi ve güzel bir iş yapıp, büyük para sahibi olacağını işaret eder.

MEYVE SUYU

Hiç beklemediğiniz birisinin size kötü bir şaka yapacağına yorumlanır.

MEZARLIK

Rüyada mezarlık görmek, günahları için tövbe edeceğine işarettir. kendisini ölmüş görmek, uzun yaşamaya yorumlanır. Bir ölüyü ağlarken görmek iyi ve güzel işarettir. Mezar kazdığını görmek, öleceğine yorumlanır. Ölüye bir şey vermek veya ölüden bir şey almak ev iş yaşamında bereket olacağına işarettir. Kendi evinde ölü görmek, hayallerine kavuşacağına işarettir. Eğer eski mezar görmek, sevdikleriniz tarafından terk edileceksiniz demektir. Yeni evlenmiş kadın için bu rüya, dul kalacağına işarettir.

MEZAR TAŞI

Rüyada, mezar taşına bakmak, rüyayı gören yalnız ise uzun ve anlamsız bir yaşama; evli ise uzun bir hayata yorumlanır.

MEZBAHA

Sevdiğiniz insanlardan ayrı kalacağınıza işaret eder.

MIKNATIS

Rüyada mıknatıs görmek, çok güzel bir aşk hayatının habercisi olarak yorumlanır.

MISIR

İşlerinizdeki durgunluk sona erecek, iş yaşamınızda hareketli bir döneme gireceksiniz demektir. Mısır topladığını görmek ise işlerinizin düzeleceğini, elinize para geçeceğini işaret eder.

MIZIKA

İçinde bulunduğunuz durumun çok iyi olduğunu, sevdiklerinizle güzel zaman geçireceğinizi belirtir.

MIZRAK

Eğer mızrak, demirden yapılmış ise; kuvvete ve kazanca, demirden değilse çok para getirecek bir işe yorumlanır. Bu rüyayı gören kişi eğer bir fakirse zengin olacağına yorumlanır.

MIZRAP

Rüyada mızrap görmek, çok yakında eğlenceli oyunlu bir toplantıya, eğlenceye katılacağınıza yorumlanır.

MİDE

Rüyada mide görmek, rahat ve huzurlu bir şekilde uzun bir yaşam süreceksiniz demektir.

MİDYE

Rüyada midye topladığını görmek, sıkıntı ve acı verecek anların ve büyük bir tehlikenin gelmekte olduğunu işaret eder.

MİĞFER

Rüyada miğfer görmek, kavga demektir.

MİKROFON

Rüyada mikrofon görmek, politikayla uğraşacağınıza yorumlanır.

MİKROP

Eğer korkmadan olayların üstüne giderseniz, bütün sıkıntılardan kurtulacaksınız demektir. Geleceğinizin parlak olacağına yorumlanır.

MİLLETVEKİLİ

Rüyada milletvekili görmek, işlerinizin kötüleşeceğine işaret eder.

MİNBER

İşinizde ve mesleğinizde yükseleceksiniz, çok fazla para kazanacaksınız demektir. Rüyada minberde oturmak, sevdiğiniz insanlarla beraber vakit geçireceğinize işaret eder.

MİNDER

Rüyada minder görmek, rahata ulaşılacak demektir. Minder satın almak, gelecek günlerin içinde bulunduğunuz durumdan daha iyi olacağına işaret eder.

MİRAS

Mirasa konmak yeni iş girişimlerine atılacağınızı ve başarılı olacağınızı işaret eder.

MİSAFİR

Rüyada tanımadığı veya iyi duygular hissetmediği kimselere misafir olması, yine sevmediği bir kişi tarafından rahatsız edileceğine yorumlanır.

MOBİLYA

Bu rüya genç bir erkek gördüyse ev eşyası almaya; satması da bakarken görmesi iyi olacak bir iş için tartışmaya yorumlanır. Orta yaştakiler için işlerinin düzene girmesine işarettir. Bekar bir kadın için beklenmedik ani evliliğe; evli bir kadın içinse eğlenceye yorumlanır.

MOLLA

Kendinizi geliştireceğinize ve çevrenizdeki insanların saygısını kazanacağınıza işaret eder. Kendisinin molla olduğunu görmek, zor durumda olan arkadaşlarınıza yardımda bulunacağınıza yorumlanır.

MOR

Rüyada mor renk görmek, artık başarının sizinle beraber olacağına yorumlanır.

MORFİN

İşlerinizin hep ters gideceğine, bir türlü rahata kavuşamayacağınıza işaret eder.

MOTOR

Rüyada çalışan bir motor görmek, işlerin güzel olacağına, durmuş bir motor görmek ise işlerin bozulacağına yorumlanır.

MOZAİK

Rüyada mozaik görmek, çok kısa bir süre sonra bir geziye çıkacağınıza yorumlanır.

MUCİZE

Rüyada mucizeye şahit olmak, yapılması çok zor olan bir işi, herkesi şaşırtarak, başarıyla sonuçlandıracağına yorumlanır.

MUHAFIZ

Rüyasında muhafız gören, etrafındakilerin güvenini kazanacak demektir.

MUHALLEBİ

Rüyada muhallebi yemek, şansınızın açılacağına, isteklerinizin gerçekleşeceğine işaret eder. Muhallebi yapmak da zor durumdaki insanlara yardım edeceksiniz demektir.

MUHALLEBİCİ

Rüyada muhallebici görmek, güzel bir şekilde sona erecek aşk macerası demektir.

MUHTAR

Aile içinde huzurun kaçacağına işaret eder. Rüyada muhtar olmak, sonradan pişman olacağınız işlere kalkışmayın demektir.

MUM

Mum tutmak veya yakmak bekar erkek için güzel bir kızla evliliğe; bekar bir kadın için iyi biriyle evliliğe ve çocuğa yorumlanır. Eğer rüyayı gören gurbette ise yurduna dönmeye işarettir. Yoksul biri için para kazanmaya; tüccar için ise fazla para kazanmaya ve kârının artmasına; memur ise işinde yükselmeye yorumlanır. Çevrenizdeki insanlara güvenebileceğinizi ve uğraştığınız her işte başarılı olacağınızı işaret eder. Mumu üfleyerek söndürmek, bir yakınınızın ölümü demektir.

MUMYA

Rüyada mumya görmek, eski arkadaşınızdan umulmadık bir zamanda güzel bir haber alacağınıza işarettir.

MUSİKİ ALETLERİ

Rüyada müzik aleti çalmak emellerinize kavuşacaksınız demektir. Güzel bir geleceği de işaret eder. Bir müzik aleti satın almak, güzel sanat alanında ummadığınız kadar çok başarı kazanacağınıza işarettir. Eğer rüyayı genç bir kız görmüşse evlilik hayatının mutluluk içinde süreceğine işaret eder.

MUSİKİ

Rüyada müzik sesi işitmek, çok güzel bir rüyadır. Rüyayı görenin, en istediği şeyin gerçekleşeceğine yorumlanır.

MUSALLA TAŞI

Rüyada görülen musalla taşı, aile içinde kavgalara ve geçim sıkıntısı çekeceğinize işaret eder.

MUSKA

Rüyada boynunuzda bir muska görmek güzel bir haber alacağınız anlamına gelir.

MUSLUK

Rüyada musluk ile ilgili her şey iyiye, bolluğa, sağlığa, işlerin iyi olacağına ve güzel haberler alınacağına işarettir.

MUŞAMBA

İki yüzlü arkadaşlarınız olduğuna, ilişkilerinizde daha dikkatli olmanız gerektiğini işaret eder.

MOTOSİKLET

Rüyada motosikletle ilgili her şey ilginç ve çok iyi bir iyi arkadaş kazanacağınıza yorumlanır.

MUTFAK

Evinin mutfağında kendisini gören bir insan, bekarsa kısa süre sonra evlenecek anlamındadır.

MUZ

Rüyada muz görmek, anne karnındaki bebeğe ya da ölüye ya da cezaevinde bulunan bir kimseye yorumlanır. Muz ağacı dindar ve mal sahibi varlıklı zengin bir adama yorumlanır. Bu rüya, evleneceğiniz kişinin yanlış insan olduğuna işaret eder. Eğer evliyseniz, evliliğiniz sorunlu alacak ve para sıkıntısı çekeceksiniz demektir.

MÜCEVHER

Rüyada mücevher görmek, bu rüyayı görenin çok para kazanacağını, zenginleşeceğini ve aynı zamanda çocuğu olacağına yorumlanır. Bütün güzellikler ve zenginlikler sizin olacak demektir. Mücevher takmak ta başarı kazanacağınızı ve üst makamlara çıkacağınızı işaret eder.

MÜDÜR

İş yerinde sorun yaşayabilir, hatta işinizden bile olabilirsiniz demektir.

MÜEZZİN

İyi huyunuzu ve sabrınızı koruduğunuz sürece başarılı olacaksınız, demektir.

MÜFTÜ

Rüyasında müftü gören kimse akıllı ve itibar sahibi bir kimsenin dostluğunu kazanacak demektir.

MÜHENDİS

Rüyada mühendis görmek, bir şeyin mahvolmasına olmasına, harap olan bir yerin yeniden yapılmasına yorumlanır. Kendisini mühendis olarak görmek, uzun hayat süreceğine yorumlanır.

MÜHÜR

Rüyada mühür görmek, emniyet ve güvene yorumlanır. Çok büyük emellere sahipsiniz demektir. Bu emellere kavuşmak için de çok fazla çalışmanız gerekir demektir.

MÜNAKAŞA

Rüyada bir başkasıyla tartışmak, erkekler için mahkemelik bir olayın lehinize biteceğine işaret eder. Kadınlar için daha önce küstüğü birisiyle barışacağına yorumlanır.

MÜREKKEP

Rüyada mürekkep görmek, davranışlarınızda dikkatli olmanız gerektiğine aksi taktirde bu davranışlarınızın yanlış anlaşılacağına yorumlanır.

MÜŞTERİ

Rüyada alış :veriş yapan birini görmek sıkıntıya düşmüş birisine yorumlanır. Bir şey satın alması veya satması o kimsenin muhtaç durumda olmasına yorumlanır.

MÜZAYEDE

Şanslı bir döneme gireceğinize işaret eder. Müzayedeye katıldığını görmek, yakınlarıyla tartışa yapılacağına, küskünlükler yaşanacağına yorumlanır.

MÜZE

Rüyada bir müzeyi gezmek, çok beğendiniz, üstesinden gelebileceğiniz yapmaktan büyük zevk alacağınız bir işe girene kadar çok iş yeri

MÜZİK

Rüyada sesle, ya da müzik aletleriyle müzik dinlemek, iş hayatınızda büyük başarı kazanacağınıza yorumlanır. Dinlediğiniz müzik kötü ise mantıklı olmayan kimselerin önerilirine uyduğunuz çok zor durumda kalacağınıza işaret eder. Rüyada dans müziği ile dans etmek çevrenizde sevilen bir insan olduğunuzu gösterir. Güzel ve romantik bir müzik dinlemek aşka ve mutluluğa yorumlanır. Hüzünlü bir müzik dinlemek sizi üzecek, canınızı sıkacak haberler almaya hazırlıklı olmanız gerektiğini bildirir.

NABIZ

Rüyada nabzın attığını görmek, hayat ve sağlık havadislerinin alınacağına yorumlanır.

NACAK

Artık geçim sıkıntısı geçmeyeceğinize yorumlanır. Rüyasında nacak ile odun kesmek, sağlık durumunuzun bozulabileceğine işaret eder.

NADAS

Rüyada nadasa bırakılmış toprak gören kişinin, emellerinin gerçekleşmesi için biraz daha beklemesi gerektiği demektir.

NAFTALİN

Rüyada naftalin görmek, sizden yaşlı bir yakınınızdan beklemediğiniz bir zamanda ve de beklemediğiniz miktarda para yardımı almak demektir.

NAKARAT

Rüyasında bir şarkının nakaratını dinlediğini gören kişi sizin bir sinir hastanesinde tedavi görecek demektir.

NAKIŞ

Rüyada nakış işlediğini görmek, iş hayatında başarı kazanırken aşk hayatında büyük bir hayal kırıklığına ye uğramak şeklinde yorumlanır. Nakışı başka birinin işlediğini görmek, başınıza gelecek bir olay nedeniyle karakolluk, mahkemelik ya da hastanelik olacağınız işarettir.

NAL

Nal talihin açılması ve uğurlu olaylar olarak yorumlanır. Rüyada nal görmek iyiye. Rüyada nal görenin şansı açık olacaktır. Yolda nal bulan bir kimsenin karşısına, hiç beklemediği bir anda güzel bir fırsat çıkacak demektir.

NALBANT

Rüyasında bir nalbant gören kişi, çok güzel haberler alacak demektir.

NALBUR

Geçmişte kalan bazı kavgalar yeniden ortaya çıkacak, bu durum da sizi sıkıntıya sokacak demektir.

NAMAZ

Rüyada kıbleye doğru namaz kıldığını görmek, dünya ve ahrette hayra yorumlanır. Kıbleye doğru değil de başka tarafa doğru namaz kıldığını görmek, dinden çıkacağınıza yorumlanır. Namazı yarıda bıraktığınızı görmek emellerinize kavuşamayacaksınız demektir. Cenaze namazı kılmak uzun ömre yorumlanır.

NANE

Rüyada yeşil nane para demektir. Rüyasında nane toplayan kişi biraz çalışırsa para kazanır. Nane satın almak büyük ve sevindirici bir kısmettir.

NAR

Kışın nar rüyası görmek hayırlıdır. Kırmızı nar zenginlik olarak yorumlanır. Genç kız rüyada ekşi nar yerse pekte hayırlı olmayan birisine aşık olacaktır. Nar ayıkladığını görmek çok para kazanmak demektir. Olmuş narları toplamak, zenginliğe, hamlarını toplamak hastalık, üzüntüye yorumlanır.

NARA

Kendisinin nara attığını gören kimse, yapılan haksızlıkla karşısında atık patlayacak demektir

NAZAR

Rüyada nazara uğramak, önemsiz birtakım şeyleri kendinize dert ederek, sıkıntıya düşünüyorsunuz demektir.

NAZARLIK

Rüyada nazarlık görmek çok güzel haberler almaya yorumlanır.

NEFES

Rüyasında fazla nefes aldığını gören kişinin, canın bir şeye çok sıkıldığına yorumlanır. Rüyada nefes darlığı çekmek artık dertlerden kurtulma fırsatının doğduğuna yorumlanır.

NEFRET

Bu kötüye yorulan bir rüyadır. Birinden nefret ettiğinizi gördüyseniz, kaza yapacağınıza işarettir.

NEHİR

Size yardımı dokunacak, çok iyi niyetli bir insanla tanışacaksanız demektir. Nehirde yüzdüğünü görmek, işinizde makam ve yetki sahibi bir kimseden yardım alacaksınız anlamındadır.

NERGİS

İyi ve güzel bir insanla bir birlikteliğe işaret eder.

NEY

Rüyada ney veya kaval çalmak, oyun ve eğlenceye, bazen de rahatlık ve mutluluğa yorumlanır. Ney çalmak hasta birisi için ölüme; çocuk sahibi olmak isteyen için çocuğu olmasına yorumlanır.

NEZLE

Rüyasında nezle olduğunu gören kimse olaylar karşısında daha dikkatli davranmalı demektir. Etrafınızda düşmanlarınız var demektir. İnsanlarla ilişkilerde daha dikkatli olmanız gerektiği demektir. Sağlığınıza dikkat etmeniz gerektiğine yorumlanır.

NİKAH

Rüyasında tanımadığı bir kadınla nikahlandığını gören erkek, oruç veya namaz gibi farzları yerine getirmesi gerektiğine yorumlanır. Rüyada nikahlandığını görmek bir kız ise yakın zamanda evlenmek demektir. Nikah kıydığını görmek iyilik etmek demektir.

NİKAH MEMURU

Nikah memuru görmek, bekar biri için evliliğe; evli kimse için ayrılığa işarettir.

NİLÜFER

Evliler için eğlenceli bir tatile yorumlanır. Rüyada nilüfer toplamak zor bir işin sonucunda başarıya ulaşacağını işaret eder.

NİNE

Rüyasında nine görmek, çok iyidir. Her zaman iyiye yorulur.. Büyük bir mutluluk, sağlık ve zenginlik demektir.

NİŞANLANMAK

Rüyada tanımadığınız birisiyle nişanlanmak, güzel bir haber alacağınıza işarettir. Nişanın atılması pek iyiye yorulmaz.Rüyada bir nişana giden kişi yeni şeyler öğrenecek, yeni insanlarla tanışacak demektir. Rüyada nişanlandığını görmek beklediği fırsatın geleceğine yorumlanır.

NİŞASTA

Yakınlarınızla tartışacağınıza ve aranızın açılacağına işaret eder. Nişasta yediğini görmek arkadaşlarınız arasında sizin kötülüğünüzü isteyenler var demektir.

NOHUT

Rüyada nohut görmek, yakınlarda güzel bir haber alacağınıza yorumlanır. Rüyada nohut zorlukla kazanılan paradır. Rüyada bir yerden nohut aldığını görmek parayla ilgili bir söz vererek güç durumda kalır. Nohut yediğini görmek para kazanmak demektir.

NOTER

Rüyada noter görmek, pek hayra yorumlanmaz. Hareketlerinize dikkat gerektiğini işaret eder.

NUH PEYGAMBER

Rüyada Nuh peygamberi görmek, uzun hayata yorumlanır.

NUMARA

Rüyada rakam görmek, iş yaşamında iyi şansa yorumlanır. İş hayatında meydana gelecek olaylar demektir.

NUR

Rüyada nur, aydınlık ve doğru yol demektir. Kafir bir kimse bu rüyayı görürse İslama Allah'a yakınlığı keşfeder. Aydınlıktan sonra karanlığa çıkarsa, yoksulluktan zenginliğe, işaret eder. İsyandan sonra tövbeye yorumlanır.

NUTUK

Kendinizi nutuk verirken görmek, emeklerinizin karşılığını yakında alacaksınız demektir.

OBA

Rüyada bir ırmak kıyısında ve yeşillikler içerisinde kurulmuş bir oba görmek büyük bir mutluluğa ereceğinize yorumlanır.

OBJEKTİF

Rüyasında fotoğraf makinesi objektifi gören kişide, nazar olacağına yorumlanır.

OCAK

Rüyada boş ocak görmek henüz hayata geçirmediğiniz plan halinde olan bir iştir. İçinde kömür bulunan ocak, iş yaşamınızda verdiğiniz emekler sonrasında olumlu değişiklikler olacak demektir. Bir ocağın sönmesi, işte bozulmaya, aile yaşamınızda sıkıntıya işaret eder.

ODA

Rüyada oda görmek giriştiğiniz işte, zor da mutluluğa ve başarıya ulaşacağınıza yorumlanır.

ODUN

Rüyada ateşe odun atmak, genç bir erkek için arkadaşının ihanetine Orta yaşta ise mevki sahibi olmasına yorumlanır. Evliler için para sıkıntısının neden olacağı kavgaya yorumlanır.

OFİS

Rüyasında ofis görmek Sevgilinize göz koyan birilerinin olabileceğine işarettir.

OĞLAK

Oğlak görmek, erkek çocuğa yorumlanır. Oğlağın kesildiğini görmek veya yemek kendisinin veya akrabasının bir erkek çocuğunun öleceğine işarettir.

OĞUL

Rüyasında oğlu olduğunu gören kimse şanslı bir döneme girecek demektir. Rüyasında kendi oğlunu görmek, sıkıntılı bir döneme gireceğinize işaret eder.

OJE

Rüyada oje görmek, süse aşırı derecede düşkün olması ve bu düşkünlüğün etrafındakilerce kötü karşılandığını işaret eder.

OK

Rüyada ok görmek, bir hizmet için başka memleketlere gönderilen elçilere, mektuba, düşmana karşı, kuvvete yorumlanır.

OKLAVA

Rüyada oklava görmek Oklava iyi, çalışkan, dürüst, hizmetkar olarak tanımlanır. Oklavayla hamur açmak, emeğinizin ve çalışkanlığınızın karşılığını işaret eder. Oklavanın kırıldığını görmek gören kimsenin birine darılması demektir.

OKUL

Rüyada okul görmek, kültür bakımından yeni ve engin olanaklarla karşı karşıya kalacağınıza yorumlanır. Yetişkin birinin okula gittiğini görmek kimsenin davranışları hatalıdır. Rüyada okul görmek öğreneceği yeni bilgiler sayesinde hayatına yeni bir yön verir.

OKUMAK

Rüyasında kitap okuyan kimse, çevrenizdeki insanları etkileyeceğinize işaret eder. Ufak sorunları çok büyüttüğünüze de yorumlanır. Gazete okumak, sırlarınız saklayamadığınıza işaret eder.

OLUK

Sıkıntılarınızdan ve dertlerinizden kurtulacaksınız demektir. Oluktan temiz su akması, işlerinizde başarı kazanacaksınız, bol para kazanacaksınız anlamındadır. Oluktan kirli su akması arkanızdan size komplo kuran insanların bulunduğunu haber verir.

OKYANUS

Rüyada sakin okyanus görmek, iş yaşamında büyük başarılar kazanmak demektir. Dalgalı okyanus görmek ise, bazı sıkıntıları belirtir.

OLTA

Rüyasında olta gören kişi iş yaşamında büyük bir fırsat yakalayacak şeklinde yorumlanır.

OMLET

Rüyada omlet görmek, bir ziyafete davet edileceğinizin işareti olarak kabul edilir.

OMUZ

Rüyada omuz görmek bazı kimselerin sorumluluklarını ve geçimini üstünüze alacağınıza işaret eder.

ONBAŞI

Rüyada onbaşı görmek, yaşamında başarı kazanılacağına yorumlanır.

OPERA

Rüyada operaya gitmek sevdiğiniz arkadaşlarınızla eğlenceli zaman geçireceksiniz demektir. Uzun süredir kötü giden işlerinizde başarı sağlayacağınıza işaret eder.

ORAK

Çevrenizden bir kişinin öleceğine yorumlanır. Orakla ot biçmek düştüğünüz zor durumda dostlarınızın yardımını alacaksınız demektir.

ORDU

Rüyada ordu görmek, bozgunluğun önlenmesine; orduda bulunmak düşmanlar tarafından yapılacak bir saldırıya yorumlanır. Aynı zamanda aile içinde bazı sıkıntıların yaşanacağına yorumlanır. Sıkıntıların aşabilmek için desteğe ve güvene ihtiyacınız var demektir.

ORKİDE

Çok güzel bir haber alacaksınız, aldığınız bu haber sizin hayatınızı değiştirecek demektir.

ORMAN

Orman içerisinde yürümek veya ağaç kesmek, işlerini yoluna koymak ve için bütün zorlukları aşmaya yorumlanır. Ormanda kaybolmak, iş yaşamınızda zorluklara işarettir. Yeşil bir orman görmek, elinizi attığınız işlerde başarı kazanacağını işaret eder.

ORUÇ

Rüyada oruçlu olarak görmesi, adağını yerine getirmeye yorumlanır. Oruçlu bir kimseyi iftar açarken görmek, o kimsenin iyi bir insan olmasına veya bir yere seyahat etmesine yorulur. Kendisini oruçlu görmesi, o kimsenin tövbeye edeceğine yorumlanır.

OT

Rüyada ot topladığını görmek fakirlikten kurtulup, zenginleşeceğine yorumlanır. Güzel kokulu ot görmek sıkıntılı bir olayın haberidir. Otların arasında yatmak yalnız kalınacağına ve özleme işaret eder. Ot kestiğini görmek de sıkıntılardan kurtulacağınızı işaret eder.

OTEL

Yolculuğa çıkacağınızı işaret eder.

OTOBÜS

Rüyada otobüs görmek, uzun zamandır görüşemediğiniz eski dostlarınızla görüşeceğinizi bildirir. Otobüste yolculuk yaparken görülmesi iftiraya uğrayacağınızı işaret eder.

OTOMOBİL

Rüyada otomobili kullanmak, hayatınızı istediğiniz gibi yaşıyorsunuz demektir. Eğer otomobili başkası kullanıyorsa, hayatınızı başkaları yönetiyor anlamındadır.

OTOPSİ

Otopsi ile ilgili rüyalar, çok kuşkucu birisi olduğunuzu ya da kötü bir haber alınacağınızı işaret eder.

OY

Rüyada oy pusulası görmek, iki seçenek arasında kaldığınıza, birisinin tercih edilmesi gerektiğine yorumlanır.

OYA

Oya yaptığınızı görmek, işlerinizin bozulacağına ve giriştiğiniz işlerden zarar edeceğinize işaret eder.

OYUNCAK

Rüyada her hangi bir oyuncak satın almak, yardımsever bir kişi olduğunuza ve çevrenizdekileri mutlu etmeyi istediğinize yorumlanır. Oyuncakla oynamak iyiliklerinizin istismar edileceğini bildirir.

OYUNCAK BEBEK

Aşk hayatınızda daha ciddi ilişkilere yönelin ;aksi halde hem kendinize hem de karşınızdakine zarar verirsiniz.demektir.

OZAN

Geçmişte kalan günlere özlem duyduğunuza yorumlanır.

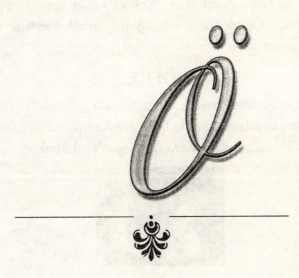

ÖDEMEK

Rüyasında ödeme yapmak, hayatı boyunca para sıkıntısı çkileceğine yorumlanır.

ÖDÜNÇ

Bir şeyi ödünç vermek, bir yoksula yardıma işaret eder. Ödünç, tövbeye işaret eder. Yoksul kişiler için zenginliğe yorumlanır. Ödünç para istediğini görmek hastalık veya şiddete yorumlanır.

ÖFKE

Birine öfke hissetmek yakın zamanda gelecek bir sıkıntının başarıyla atlatacağını belirtir. Başka insanların öfkelendiğini görmek , yaşamınızda dertli günler demektir.

ÖĞRENCİ

Rüyada öğrenci, mutluluk işareti olarak yorumlanır.

ÖĞRETMEN

Öğretmen rüyası gören kişi çevresindeki arkadaş sandığı kişilere dikkat etmesi gerekir. Rüyada öğretmen olduğunu veya öğretmenlik yaptığını görmek bir sorumluluğu almak ve bunun sonunda başarılı olarak insanları yönetecek konuma gelmek demektir.

ÖKSE OTU

Bazı yani insanlarla tanışacağınızı, yeni arkadaşlar edineceğinizi işaret eder.

ÖKSÜRMEK

Rüyada öksürmek, insanları başkalarına şikayet edeceksiniz demektir. Öksürürken balgam çıkarmak dertlerinizden kurtulacağınıza işarettir. Kuru kuru öksürmek içinizde sıkıntı olduğuna yorumlanır. Kronik öksürdüğünü görmek başınızın sıkıntıdan kurtulmayacağına işarettir.

ÖKSÜZ

Rüyada öksüz görmek iş kurarak işsizlere iş imkanı sağlayacağınızı işaret eder. Sürekli maddi rahatlık içinde yaşayacağınıza yorumlanır. Bir yetimhaneyi ziyaret etmek, iyi arkadaşlarınızdan çok güzel haberler alacağınıza yorumlanır.

ÖKÜZ

Öküz görmek, paranızın ve malınızın artmasına, rahata ermeye yorumlanır. Bulunduğunuz bir toplulukta lider konuma geçeceksiniz demektir. Öküz almak büyük bir iyilik yapacağınızı işaret eder. Öküz satmak işlerinizin kötüye gideceğini işaret eder. Öküzün sizi kovaladığını görürseniz bu sizi iş yaşamında dertli günler beklediğine yorulur.

ÖLDÜRMEK

Bir kimseyi öldürdüğünü görmek, onunla iyi arkadaş olunacağını gösterir.

ÖLÜM

Rüyada ölü görmek hayra yorulur. Ölmüş insanların rüya aleminde söyledikleri doğru olarak çıkar. İnsanın kendisini ya da başkasını rüyada ölmüş görürse, onun ahlakının bozulmasına yorumlanır. Ölünün güldüğünü görmek vicdanınızın rahat olacağını işaret eder.

ÖNLÜK

Rüyada önlük giymiş olmak, yakında yeni elbiseler alacağınıza yorumlanır. Rüyada bir önlüğü yamamak, yeni bir aşk macerası yaşamak demektir.

ÖPMEK

Rüyada öpmek, istediklerinizi gerçekleştireceksiniz demektir. Karşı cinsten birisiyle öpüşmek aşk yaşamak demektir. Sevgilisini öpen kişi sevgilisinden haber alır. Rüyada tanımadığı kadını öpmek hemen verilen kararla evlenmek demektir. Değerli bir taşı öpen kişi maddi şeylere aşırı önem veriyor demektir.

ÖRDEK

Rüyada uçan ya da gölde yüzen bir ördek görmek, huzur içinde hayatınızı sürdüreceğinize, hayatınızdan memnun olduğunuza yorumlanır. Rüyada ördek temiz, hayırlı kısmet anlamına gelir. Ördek yakaladığını görmek elinize toplu para geçecek demektir.

ÖRGÜ

Güzel ve mutlu bir hayat süreceksiniz demektir. Çok güzel bir aile sahibi olacağınıza işaret eder. Rüya gören eğer bekarsa, çok yakında evlenecek demektir.

ÖRGÜ ÖRMEK

Rüyada örgü örmek veya birisini örerken görmek, geleceği parlak bir arkadaşlığa yorumlanır.

ÖRS

İlerde çok zengin olacağınıza işaret eder.

ÖRTÜ

Rüyada örtü görmek, gizli ve sonu kötüye varabilecek bir komplonun hazırlandığına yorumlanır. Rüyada örtü gizlenen saklanan şeylerin gizli kalmayacağına işaret eder.

ÖRÜMCEK

Rüyada örümcek görmek, mutlu olacağınız bir haber almak demektir. Örümceğin evde dolaştığını görmek kimse parasız kalmak anlamındadır. Ağının içindeki örümcek, yuvadaki huzursuzluktur.

ÖRÜMCEK AĞI

İşlerinizin bir süre bozulacağına ama sonra tekrar düzeleceğine işaret eder. Kadınlar için yakınlarıyla arasının açılmasına; yaşlı kadınlar için para derdine yorumlanır.

ÖZÜR

Rüyada özür dilemek, yakınınızdan yardım alacağınıza işaret eder.

PAÇA

İşlerinizin rahatlayacağına işaret eder. Paçanızın söküldüğünü görmek, para kaybedeceğinize işaret eder.

PAÇAVRA

Rüyada paçavra görmek, fakirleşeceğine işarettir. Paçavra ticareti yapmaksa, tam tersine zenginliğe yorumlanır.

PADİŞAH

Padişah rüyası onur, ün, yüksek mevkii olarak yorumlanır. Rüyada padişah mutlu bir rüya olarak yorumlanır. Eğer evli değilseniz evleneceğinize yorumlanır. Eğer evliyseniz geçimli ve mutlu bir hayatınız yaşantınız olacağına yorumlanır.

PAKET

Bazı güzelliklerle karşılaşacaksınız. Birine paket yollamak, işinizde ufak zararlara uğrayacağınızı belirtir.

PALAMUT

Genç bir erkek rüyada meşe veya palamut topladığını görürse sonu, şüpheli olan bir işte başarıya; tecrübeli bir yaşta ise az ücretli bir işi kabul edeceğine; genç bir kadın için çok iyi bir şansa; daha büyük yaştakiler için yapacağı bir işteki başarısından, başkalarının da istifade edeceğini haber verir.

PALASKA
İş yaşamınızda başarılar kazanacaksınız demektir.

PALMİYE
İklimi çok güzel olan bir yere yolculuk demektir.

PALTO
Rüyada palto giymek, iyi bir makama yükseleceğine yorumlanır. Yeni bir palto, akademisyen olacağınızı işaret eder.. Paltonuzu kaybettiğinizi gördüyseniz, hatalı kararlardan nedeniyle mal kaybedeceksiniz demektir.Eski palto, yakın bir arkadaşınızı ölümünü belirtir.

PALYAÇO
Rüyada palyaço görmek yakında ölüm haberi alacağınıza yorumlanır.

PAMUK
Bu rüyalar genellikle iyi sayılır. Rüyada tarlada beyaz pamuk görmek, rahata kavuşmak şeklinde yorumlanır. Bembeyaz bir pamuk tarlası görmek en büyük isteğine ulaşmak demektir. Pamuk kozası hayırlı ve bol paradır. Pamuk toplamak görmek kendi emeği ile para kazanmak demektir.

PANAYIR

Rüyada panayır görmek, büyük bir alışveriş yapacağınıza ve bu alışverişten karlı çıkacağınıza yorumlanır.

PANCAR

Pancar gibi kış sebzeleri yemek hayatın karışıklığa uğrayacağına yorumlanır.

PANJUR

Rüyada panjur görmek, bazı yeni gizli bilgiler edineceğinize ve öğrendiklerinizi işinizde kullanacağınızı belirtir.

PANSİYON

Rüyada pansiyon, bir yolculuğa çıkılacağını ifade eder.

PANSUMAN

Sağlığınızın düzeleceğine ve ilerde ciddi bir hastalığa yakalanmayacağınıza işaret eder.

PANTER

Panteri öldürdüğünüzü gördüyseniz, bu, büyük başarılara kazanacaksınız demektir. Rüyada panter görmek, güzel aşk yaşayacağına, ancak para krizi içine düşüleceğine yorumlanır. İş hayatında başarısızlığı belirtir.

PANTOLON

Rüyada eski ve yırtık pantolon giymek acı ve üzüntüye yorumlanır. Güzel ve yün pantolon, rengi ne olursa olsun çok iyi şekilde yorumlanır.

PAPA

Rüyada papa ile konuşmak, sonu kuşkulu bir işe atılmaya işarettir. Papa ile ayinde bulunmak yakınlarından birinin ölümüne yorumlanır. Kendisini papa olarak görmek büyük bir felakete yorumlanır.

PAPAĞAN

Rüyada papağan görmek bir erkek,için güzel ve zeki bir kızla aşk yaşamak anlamındadır.

PAPATYA

Papatya toplayan genç kız veya erkek birine ilgi duyar. Baharda kırda papatya görmek güzel umut ve hayallerdir.Rüyada papatya iyi niyetli, yardım seven, herkesi güzel tutan bir ahbap, iyi arkadaş olarak yorumlanır.

PAPAZ

Rüyada papaz görmek günah işleneceğine yorumlanır.

PARA

Rüyada para almak :vermek veya tomarla para görmek, iyi şans ve zenginliğe yorumlanır. Para bulmak, şansının iyi olacağına ve zengin olunacağına işarettir. Para kaybetmek, kısa sürecek sıkıntı ve üzüntüye yorulur. Para saymaksa, beklemediği kadar başarılı olacak bir işe yorumlanır. Gümüş para güzel haber, mutluluk demektir. Bakır para güzel, uğurlu bir iştir. Altın para kıskançlık, dedikodu ve sıkıcı söz olarak yorumlanır.

PARFÜM

Parfüm sürmek, bir aşk yaşayacaksınız demektir.

PARK

Rüyada parkta dolaşmak çok eğlenceli bir tatile yorumlanır. Park kapılarının üzerine kapanıp içeride kalması, bir arkadaşı için çok üzüleceğine ve onun için ağlayacağına yorumlanır. parka girememek önemli bir fırsatı kaçıracağını haber verir.

PARMAK

Rüyada parmak görenin, oğlu olacağına; parmağın yanması ise, günah ve suç işleyeceğine yorumlanır.

PARMAKLIK

Rüyada parmaklık görmek, kuvvet ve malının artacağına işarettir. Parmaklığın arasından geçmek etrafındakilerle iyi geçineceğine yorumlanır.

PAS

Tembel bir insan olduğunuzu belirtir. Artık çalışmanız gerekir demektir.

PASAPORT

Rüyada pasaport almaya çalışmak, işlerinizde bazı sıkıntıların olacağına yorumlanır.

PASTA

Pastayı kesen ve dağıtan kimse çevresindekilere yardımda bulunur, kendi malından onlara da pay verir. Rüyada pasta veya kurabiye yemek, herkes için geçici ziyaret ve bir takım eğlenceleri bildirir. Pasta almak, kendisinin birçok yeni arkadaşı olacağını işaret eder. Pasta yapılıyor veya pişiriliyor, geleceğini kendisinin hazırlamasını ve kurmasını işaret eder. Taze ve renkli pasta mutluluk verecek, güzel, iyi kısmettir. Pasta yiyen insan bolluğa sevinir.

PASTIRMA

Rüyada pastırma, sucuk ve salam gibi şeyleri yemek, hiç de iyi bir şekilde yorumlanmaz. İşlerde zorluğa ve bu nedenle işlerin ertelenmesine yorumlanır. Fakat rüyada bu şeyleri satın almak veya satmak, kısmet ve nimete yorumlanır. Bunlar para ve iş konusunda iyi haberler haber verir.

PAŞA

Paşa görmek, ün, itibar ve itibar işareti olarak yorumlanır.

PATİKA

Hayatınız boyunca para sıkıntısı çekeceksiniz demektir. Sürekli sorunlarla uğraşacaksınız.

PATATES

Patates ekmek, yeni ve çok para getirecek bir işe başlamaya yorumlanır. Rüyada patates görmek mal, şöhret, mutluluk ve refaha yorumlanır. Patates soymak, kısmete ve arzu edilen isteğe işaret eder.

PATLAMAK

Başka insanların davranışları sizi çok üzecek demektir. Patlamada İnsanların yaralandığını görürseniz bu, yapmadığınız bir şey için suçlanacağınız anlamına gelir.

PATLICAN

Çevrenizde isminizin sarsılmasına yorumlanır. Patlıcan kızartması acı bir habere almaya yorumlanır.

PATRON

Rüyada patronu görmek, çok çalışkan ve enerjik bir insan olduğunuza yorumlanır. Bu rüya, iş değiştireceğinizi de işaret eder.

PAVYON

Vaktinizi boş insanlarla, hiçbir şey yapmadan geçiriyorsunuz demektir. Davranışlarınızı gözden geçirmelisiniz demektir.

PAZAR

Rüyada pazarda olmak, insanlarla ilişkileriniz gelişecek ve bu durum işlerinizin de iyi gitmesine neden olacak demektir.

PEÇETE

Rüyada peçete gören kişinin ruhu temizdir demektir.

PEHLİVAN

Rüyada pehlivan görmek, akıllıca olmayan bir girişimde bulunacağınız anlamına gelir.

PEKMEZ

Rüyada pekmez görmek durumun iyileşeceğini belirtir. Pekmez yemek, bol miktarda para kazanacağınıza işaret eder.

PEMBE

Rüyada pembe renk görmek, boş hayallerin peşinde olduğunuzu belirtir.

PENCERE

Rüyada pencere görmek üzüntülerden ve dertlerinden kurtulacağına işarettir.; eğer asta ise derman bulacağına işaret eder.;Bekar için ise evleneceğine yorumlanır.

PENÇE

Rüyada pençe görmek, kuvvete, geçim rahatlığına yorumlanır.

PERDE

Rüyada perde görmek İstenmeyen bir misafir, canınızın aşırı derecede sıkılmasına yorumlanır.

PERİ

Kişi rüyada perileri görür veya onlarla konuşursa, hiç ummadığı ve çok büyük bir paranın geleceğini işaret eder. Rüyada güzel bir peri görmek murada ereceğini haber verir. Perinin bir insanı okşaması mutluluktur. Işıklar içindeki peri mutluluk verecek haberi belirtir.

PERUK

Çok iyi niyetli, başkalarına önem veren, demokratik bir insan olduğunuza, bu huylarınız nedeniyle çevrenizdeki insanların saygısını kazandığınıza işaret eder.

PERVANE

Pervane gören kişi sabırsız şeklinde yorumlanır.

PEŞTAMAL

Rüyada peştamal görmek, bir arkadaşınızla kavga edeceğinize işaret eder. Peştamal kullanmak, erkek için de, kadın için de evlenmeye işarettir.

PEYGAMBER ÇİÇEĞİ

Rüyada peygamber çiçeği görmek, her istediği gerçekleşir demektir.

PEYNİR

Rüyada peynir yemek, iş yaşamında kandırılmaya yorumlanır. Peynir görmek veya almak, erkekler için ticarette büyük para kazancına işaret eder. Bekarlar için evliliğe, evli ve çocuklu bir kadın için miras kalacağına yorumlanır.

PINAR

Rüyada pınar görmek, itibar sahibi bir kişi ile iyi arkadaşlık edeceğinize yorumlanır. Suyu acı bir pınar görmek, şayet dikkat edilmezse sağlığınızın bozulacağına yorumlanır.

PIRASA

Rüyada pırasa görmek, bir sakattan gelecek iyilik demektir.; kendisinin pırasa yediğini görmesi, kimsenin haram malı yiyeceğine yorumlanır.

PIRLANTA

İşinizde göstereceğiniz başarı:ve yetenekleriniz sayesinde işinizde yükseleceksiniz demektir.

PİDE

Rüyada pide görmek, güzel bir iş ve para işareti olarak kabul edilir.

PİJAMA

Rüyada pijama görmek kötü bir haber olarak yorumlanır.

PİL

Bir insana aşık olacaksınız, ancak bu ilişki size mutluluk getirmeyecek demektir.

PİLAV

Rüyada pilav görmek, o ana kadar anlaşılamamış bir çok güç ve karışık sorunun çözüme ulaşacağına yorumlanır.

PİLİÇ

Rüyada piliç görmek çok kötü ve sizi zora sokabilecek bir haber alacağınıza yorumlanır.

PİPO

Rüyada pipo görmek, çok bilmişlik ve ukalalık işareti demektir.

PİRE

Birisinin pire ve bit görmesi, o kimsenin güvenilmez birisi olduğuna yorumlanır.

PİRİNÇ

Rüyada pirinç gören kişi zengin olur demektir. Başarının ve güzel arkadaşlıkların haberidir. Pilav yediğinizi gördüyseniz, bu zenginliğin ve mutluluğun işaretidir.

PİSLİK

Haram yollardan para kazanacağınıza yorumlanır. Pislikle oynadığını görmek, vaktinizi yararsız işlerle geçiriyorsunuz demektir.

PİYANGO

Piyango rüyalarına dikkat etmek gerekir. Çünkü bunlar olduğu gibi de çıkabilir. İkramiye çıktığını görmek birine gerçekten de çıkabilir. Ayrıca piyango görmek, bilinmeyen ilginç ve güzel bir olay olarak da yorumlanır. Piyangodan para kazandığını görmek, hiç umulmadık yerden çok miktarda bir paraya yorumlanır. Eğer kazanılmazsa, iş yaşamında fırsat yakalanacağına yorumlanır.

PİYANO

Yakında güzel bir olaylar gerçekleşecek demektir. Piyano çalmak, beğendiğiniz bir insanın kalbini kazanacaksınız demektir.

PLAJ

Rüyada plaj görmek cinsel hayatın dikkat etmesi gerektiğine yorumlanır. Rüyada kumlu bir plaj bolluk demektir.

PLAK

Rüyada plak görmek kişi, gelecek günlerde eğlenceli zamanlar geçirecek demektir. Rüyada plak, yakında alacağınız haberdir anlamındadır.

POKER

Paranızı çok hesapsız harcamanızın sonucunda sıkıntıya düşeceksiniz demektir.

POLİS

Rüyada polis rakiplerinizi mağlup edeceğinizin işaretidir. Polis tarafından tutuklanmak, etrafınızda tehlike olduğuna yorumlanır.

PORTAKAL

Rüyada portakal görmek, çok güzel haber alınacağına ve aşk hayatında başarılı olacağına yorumlanır. İri bir portakal değerli bir eşya demektir. Portakal aldığını, gören kişi değerli eşya sahibi olacak demektir.. Rüyada portakallarla dolu bir ağaç ev alacak demektir.

POST

Rüyada post görmek, manevi bakımdan huzura erişileceğinin işareti demektir.

POSTACI

Rüyasında postacıdan mektup alan kişiyle birisi dalga geçiyor demektir. Posta kutusundan veya elden mektup almak, yakında çok önemli bir haber geleceğine yorumlanır.

PRENS

Aşık olduğunuz kimseyle evleneceğinize işaret eder. Bu evlilik uzun süreli ve mutlu olacaktır.

PUL

Uzun zamandır görüşemediğiniz bir yakınınızdan haber alacaksınız demektir.

PURO

İkiyüzlü bir insan olduğunuza işaret eder.

PUSULA

Etrafınızdaki tecrübeli insanların tavsiyelerine uymanız gerektiğine işaret eder.

PUT

Put yüzü güzel ancak kişiliği kötü ve insafsız bir adama yorumlanır. Rüyada altın bir puta tapılıyorsa, Allah'a ibadet edeceğine yorumlanır. Rüyasında putları kırdığını gören kimse yüksek bir makama çıkacak erişip düşmanlarını alt edecek demektir.

RADAR

Etrafınızda iki yüzlü ve dedikoducu insanlar var demektir, bu insanlardan uzak durmanız gerektiğini işaret eder.

RADYO

Rüyada radyo haber almak şeklinde belirtilir.Çalan bir radyo acele bir haberdir haber alınacağını işaret eder. Kapatılmış bir radyo, belli bir zaman geçtikten sonra alınacak anlamındadır.

RAF

Rüyada raf görmek, yaşamınızın düzgün bir şekilde devam edeceğine ve çok güzel günler geçireceğinize yorumlanır. Boş raflar, kötü şansın ve üzüntünün haberidir. Rafların dolu olması ise muradınıza ereceğinizi haber verir.

RAHİBE

Rüyada rahibe görmek, dünya nimetlerinden çekilmeniz gerektiğine ve düzgün bir yaşantı sürmeniz gerektiğine yorumlanır. Sevgilinizden ayrılma olasılığınız da olabilir demektir.

RAHİP

Rüyayı görmek kadınsa, hamile kalacağına; erkekse, işlerinde başarılı olacaksınız demektir. Rüyada rahip görmek, iyi bir haberin alınacağına yorumlanır.

RAKAM
Rüyada rakam gören kişinin işleri açılacak, çok para kazanacak demektir.

RAKI
Rüyada içkili bir yerde içmek, eğlenmek , çok ağır bir hastalık demektir.

RAMAZAN
Ramazan ile ilgili rüyalar, her zaman hayra yorulur. Zenginlik, bereket, sağlık demektir.

RAPOR
Rüyada bir rapor görmek, birisinin ihanet edeceğine yorumlanır.

RAY
Rüyada tren rayı gören, çok uzun bir yolculuğa çıkacak demektir.

REÇETE
Rüyada reçete görmek, hafif bir rahatsızlık geçireceğinize işaret olarak yorumlanır.

REÇEL
Rüyada reçel yemek, işlerinde kâr yapacağı ve kazanacağına işaret eder. Evde reçel yapmak, çok mutluluk veren haber almak demektir.

REHBER
Rüyada rehber görmek, işlerini kendisi yapması gerektiğine, başkalarına yaptırmamasına yorumlanır.

REKLAM

Hatalı davranışlar nedeniyle arkadaş çevrenizden dışlanacaksınız demektir.

RENÇBER

Bol para kazanacağınıza, rahat bir yaşam süreceğine işaret eder.

RENDE

Rüyada rende görülmesi, bir işte bir miktar para kaybına uğrayacaksınız demektir.Bir şeyi rendelediğini gören, kimse başkasının kazancını alarak yaşamını sürdürecek demektir.

RESİM

Resim yaptığınızı gördüyseniz, yaşamınızdan ve şu anki işinizden memnun olduğunuzun belirtisidir Bu rüyayı fakir birisi görmüşse, hastalığa yorumlanır. Rüyayı gören zengin insan ise, resim görmek, iyi anlamdadır. Çevrenizde gerçek olmayan arkadaşlarınızın olduğuna işaret eder.

RESSAM

Rüyada ressam, her zaman başarı ile anılır.

REYHAN

Uykusunda baharda reyhan görmesi; sağlık ve rahatlığa ve çok güzel bir insanla mutlu bir beraberliğe işaret eder.

RIHTIM
Rüyada rıhtım görmek, bir yolculuğa yorumlanır.

RİMEL
Sağlığınız bozulacak demektir.

RİYAKARLIK
Bu rüyayı gören kişi, yakın bir arkadaşı tarafından aldatılacak ve dolandırılacak demektir.

ROKET
Rüyada roket görmek, çok büyük başarı kazanacak ve mutlu olacağınız bir kişiyle güzel aşk yaşayacaksınız demektir Roketin düşmesi ise, işlerin kötü gideceğine yorumlanır.

ROMATİZMA
Güvendiğiniz insanlar güveninizi boşa çıkaracak demektir.

ROMA
Rüyada Roma şehrinin görülmesi, ilginç aşk maceraları yaşayacağınızı işaret eder.

ROMAN
Rüyada Roman okuduğunu görmek, gereksiz işlerle uğraştığınızın haber verir.

RÖNTGEN
Rüyada röntgen görmek sağlığınızın bozulacağına işaret eder.

ROZET
Rüyada rozet görmek, yakında taşınacağınızı yeni arkadaşlar kazanacağınızı belirtir. Rozet taktığını gören biri, kalabalıkta başına ilginç olaylarla karşılaşacak demektir.

RUJ

Rüyada bir kadını ruj sürerken görmek, yakın bir zamanda güzel bir olayla karşılaşılacak demektir.

RULET

Davranışlarınızda yanlış yapıyor, etrafınızdaki insanları incitiyorsunuz demektir.

RUŞVET

Rüyada rüşvet alırsanız bu elinize kısa zaman sonra para geçecek. Ya da verdiğiniz borcu geri alacaksınız demektir.

RÜZGAR

Rüyada hafif rüzgar yeni olaylara, yeniliklere, güzel gidecek iş yaşamına işaret eder. Sert rüzgar, bütün hayat tarzınızın değişeceğini haber verir. Sıcak bir rüzgar insanın değişiklikten rahatsız olacağını bildirir.

SAAT

Rüyada saat görmek, kötü haberler almaya işaret eder.; Saati ayarlamak yaşamın gidişinin düzene girmesinin gerektiğine yorumlanır. Saatin sesini duymak bir çağrıya yorumlanır. Rüyada masa veya duvar saatinin çalışması bir, aile yaşamının iyi olacağına işaret eder. Kol saati veya cep saati özel işlerinizin karışık olduğuna yorulur. Saatin durması yada doğru çalışmaması, bir takım problemler çıkacağına yorumlanır.

SABAH

Rüyada insanın sabah olduğunu görmesi, adaklarını, verdiği sözleri yerine getirmesi gerektiğine yorumlanır.

SABAN

Rüyada saban görmek, zenginlik ve refah olarak yorumlanır.

SABUN

Rüyada sabun görmek, genç erkekler için ele para geçmesi ve işlerinde başarılı olacağına yorumlanır. Sabun kalıbını görmek, sıkıntılı ve üzüntülü kimseye yardımda bulunacağına işarettir. Sabunla bir şey yıkamak derttir. Sabunla elbise yıkadığını görmek dertlerinden kurtulmasına yorumlanır. Kalıpla sabun aldığını gören kişi kötü haber alır. Birine sabun veren bir yakınına kırılır.

SAÇ

İnsanın rüyada saçını görmesi uzun olmasına ya servet sahibi olmasına yorumlanır. Rüyada saçının dökülmesi bir yakınınızın sizi sırtınızdan vuracağını belirtir. Saç kesmek veya kestirmek kötü haber almak demektir ve dikkatli olunması gerektiğini bildirir. Saçlarını kazıtan erkek iş hayatında tatsız olaylar yaşar demektir. Rüyada saçını ağarmış olarak görmek gençler için uzun yaşamaya ve güçlü olmaya yorumlanır. Saçın dökülmesi para derdidir. Saçların birden gürleşmesi zenginliktir. Saç taramak, değerli arkadaşlık kuracağına işarettir.; Saç örmek, zengin ise daha da zengin olmaya ve işini büyütmeye yorumlanır. Saçlarını kestiren kadın özel yaşamında değişikliğe gider.

SAÇAK

Rüyada saçak görmek, güçlü birisinin koruması altında olmak demektir.

SAFİR

Kötü giden işleriniz düzelecek, huzura ve rahata ereceksiniz demektir.

SAFRA

Üstlendiğiniz sorumluluklardan kurtulacaksınız demektir.

SAĞIR

Rüyada sağır olduğunuzun görülmesi kötü şeylere yorulur.

SAĞMAK

Rüyada bir hayvanı sağmak, yeni işlere atılacağınıza ve başarılı olacağınıza işaret eder.

SAKAL

Rüyada sakal görmek, çevrenizdekilerin saygısını kazanacak işler yapacaksınız demektir. Sakalınızı kestiğinizi görmek, tüm sıkıntılarınızdan ve dertlerinizden kurtulacaksınız demektir.

SAKATLIK

Rüyada sakatlandığını gören insan bazı konularda çözüm yolu bulamayacak demektir.

SAKIZ

Rüyada sakız görmek çok zor ve bin bir uğraşla kazanılacak bir paraya yorumlanır. Sakız çiğnemek bir dedikoduya işarettir. Sakızın üstüne yapışması iyi değildir; bir insanın huzurunuzu kaçıracağını işaret eder. Sakızı ateşe atmak, bir mal yüzünden başınızın belaya gireceğine yorumlanır. Sakız görmek gereksiz laflar etmek ve dedikodu yapmak anlamındadır. Sakız bulmak veya almak, kötü bir haber alacağınıza yorumlanır.

SAKSAFON

Rüyada saksofon görmek, eğlenceli aşk saatleri geçireceğinizin haberidir.

SAKSAĞAN

Rüyada saksağan görmek, çok korkunç ve tehlikeli bir haber almak demektir.

SAKAT

Bazı hastalıklara yakalanacaksınız demektir. SAKSI: Rüyada saksı görmek, genç güzel bir kızla evlilik , eğer evli ise bol para kazanmak demektir.

SAL

Eğer bir erkek rüyada kendisini sal üzerinde, akıntıya kapılmış görürse, yaşamında ilk başta kötü fakat sonucu çok iyi bir değişiklik olacağına yorumlanır. Aynı rüyayı bir kadın görürse, hiç beklemediği ummadığı bir zamanda aşkta başarı kazanacağına yorumlanır.

SALATALIK

Rüyada salatalık görmek, eşinin çocuk doğuracağına yorumlanır.

SALÇA

Rüyada salça dertlerin azalacağına, işlerinizin iyiye gideceğine yorumlanır. Bir yemeğin üzerine dökülmüş salça, hileli bir durumu, kötülüğü gizlemek demektir.

SALEP

Salep görmek çevrenizdeki insanları etkileyeceksiniz, onların saygısını kazanacaksınız demektir. Salep içmek, sağlık durumunuzun çok iyi olduğuna işarettir.

SALYA

Çok iyi, yardımsever bir insanla tanışacak dost olacaksınız demektir.

SALINCAK

Rüyada salıncak görülmesi, önemli bir konu üzerinde son kararı vermeniz gerektiğini belirtir. Rüyada salıncağa binmek gönül eğlendirici kısa sürecek ilişkilere girecek anlamındadır. Salıncakta sallanmak evli veya bekar için çok önemli bir döneme girildiğini belirtir.

SALYANGOZ

Rüyada salyangoz görmek, işlerinizde yavaş yavaş başarıya ulaşacağınızı işaret eder. Aşkınıza karşılık bulacaksınız, elinize çok fazla para geçecek ve mutlu olacaksınız demektir.

SAMAN

Saman ve samanlık bolluğun, refahın belirtisidir. Elinizi attığınız her işte başarılı olacak, para durumunuzu düzelteceksiniz demektir. Rüyada saman ya da samanlık gören kişi kolay para kazanacak demektir. Samanlığa ot ya da saman doldurmak, onun zengin olmaya yorumlanır.

SANCAK

Rüyada askeri bir sancak görmek, çok para kazanacağınız bir iş gezisine gideceğinizi işaret eder.

SANDAL

Rüyada genç bir erkeğin kendini sandalda görmesi, dostu sandığı bir kişi tarafından ihanete uğrayacağına ve çok zor durumda kalacağına yorumlanır. Sandalla gezinmek, istediğiniz şeyleri elde edecek ve muradınıza ereceksiniz demektir. İleri yaşta birisi için bu rüya büyük para kaybı nedeniyle daha basit bir yaşama mecbur olacak anlamındadır. Genç bir kadın için, yeni ve güzel bir aşk yaşayacağına yorumlanır.

SANDALYE

Rüyada sandalye satın alan veya sandalyede oturan, işinde ilerler,başarılı olur demektir. Bekar bir kadın için, makam sahibi birisiyle evliliğe yorumlanır. Çalışan kadın için bu günkü durumundan daha başarılı olur üst makamlara çıkar demektir. Bir kimsenin hareketsiz sandalyede oturduğunu gördüyseniz, yakında bu kimsenin ölüm haberini alacaksınız demektir.

SANDIK

Sandık, nereden geldiği belli olmayan kısmettir. Rüyayı gören bekarsa, kısa zamanda evlenir. Rüyada türlü eşyayı sandığa yerleştiren kendine ev alacaktır.Rüyada içi dolu sandık görmek, zenginliğe işaret eder. Dolu bir sandık satmak veya başkasına vermek, gizli olayları ortaya çıkaracağına yorumlanır. başkalarına ait sandığını açmak, evlenemeyeceğinize yorumlanır. Boş sandık kıymetsiz şeylerle ilgilendiğinize, işaret eder. Kırık sandık, yakında gelecek güzel bir habere işarettir. Boyalı ve işlemeli sandık, çok güzel ve mutlu bir hayat yaşamaya işarettir. Demir sandık, yüksek makamlara yükselmeye işarettir. Tahta sandık, yakında bir evliliğe yorulur. Kapağı kapalı sandık, üzüntüye yorumlanır.

SANIK

Rüyasında sanık olduğunu gören kimse, düşünmeden yaptığı davranışlar nedeniyle başı dertten kurtulmayacak demektir.

SAPAN

Olaylara gösterdiğiniz ani nedeniyle etrafınızdaki insanları incitiyorsunuz demektir.

SARAY

Bir kimsenin kendini bir sarayda görmesi genç bir erkek için, işindeki gayretlerinden dolayı umulmadık bir ödüle yorumlanır. Orta yaşlı biri içinse yeni ve çok para kazanacağı bir işe başlamasına yorumlanır. Bir kadın için kendisinin çok zevk alacağı çok neşeli bir toplantıya yorumlanır.

SARDUNYA

Rüyada sardunya uzun zamandır görmediğiniz bir arkadaşınızı misafir edeceğinize işaret eder.

SARI

Rüyada sarı renkte elbise giymek, hastalığa yorumlanır.

SARIK

Toplumun önde gelen insanlarla bir arada olunacağına, onların bilgilerinden ve tecrübelerinden yararlanacağınıza işaret eder.

SARHOŞ

İşlerinizin kötü gitmesi aileniz içinde huzursuzluğa neden olacak demektir.

SARMISAK

Rüyada sarmısak görmek dertli bir dönemden sonra, eliniz para geçecek ve maddi dertten kurtulacaksınız demektir. Kadınlar için bu rüya, yakında bir evlilik olduğunun habercisidir.

SARNIÇ

Elinizi çabuk tutmadığınız için önemli bir iş fırsatını kaçıracağınıza işaret eder.

SATIR

Rüyada satır görmek, üstüne aldığı işi başarıyla sonuçlandıracak diye yorumlanır.

SATRANÇ

Rüyada satranç oynamak, yolculuğa çıkmaya veya yarar getirmeyen işlerle uğraşmaya işaret eder. Ayıca iş hayatında ve sağlıkta da birtakım sıkıntılar yaşanacağına yorumlanır. Eğer oyunu kaybettiğinizi gördüyseniz, birçok dertle uğraşacaksınız demektir. Oyunu kazanmak ise, sorunların üstesinden gelineceğine yorumlanır.

SAVAŞ

Rüyada savaşı kazanmak, başarının haberidir. İnsanlarla bazı kavgalara tutuşacaksınız; fakat siz kazanacaksınız demektir.

SAYFA

Yaptığınız hataların farkına varacağınızı, pişmanlık duyacağınızı işaret eder. Sayfadan bir şey okuduğunu görmek, bol paraya kavuşacağınıza yorumlanır.

SAYI

Rüyada çift rakamlı sayı, iyiye, tek rakamlı sayılar ise kötüye yorumlanır. Büyük rakamlı sayılar ise para kazanmak demektir. SAZ: Rüyada saz çalındığının görülmesi, mutluluk verecek bir haber alınacağına ve rahatlayacağınıza yorumlanır.

SAZAN BALIĞI

Rüyada sazan balığı görmek iyi şeylere işaret eder. Mutluluk getirecek bir habere, bol paraya ve üne yorumlanır.

SAZLIK

Rüyada sazlık görmek, dert içine düşüleceğine ve bu dertten bir iyi arkadaşınızın yardımı sayesinde kurtulacağına yorumlanır.

SEBZE

Rüyada yeşil olan her sebze ve bununla ilgili bütün rüyalar, çok güzeldir. Rahat ve huzurlu bir hayatı haber verir. Domates uzaktan güzel haberler alınacağına yorumlanır.

SECCADE

İyi huylu ve güzel bir insanla evlilik yapılacağına işaret eder. Seccadede namaz kıldığını görmek, hacca gitmeye yorumlanır.

SEDYE

Rüya da sedye görmek, sağlığınızın ciddi bir şekilde bozulacağına işaret eder. Sedyeden kalkmak da önemli bir hastalığınızın iyileşeceğine yorulur.

SEL

Rüyada sel görmek gören kişinin, düşmanlarının saldıracağına yorumlanır ve dikkatli olması gerektiği işaret edilir. Rüyada sel evlilik hayatında birtakım sıkıntılar yaşanacağını işaret eder. Bu rüya işinizden istifa edeceğiniz ya da sağlığınızın bozulacağı demektir.

SELVİ

Başınıza kötü bir olay geleceğine işaret eder. Selvi ağacı dikmek

SEMER

Rüyada semer görmek, genellikle evliliğe ve bir eş sahibi olmaya yorulur.

SENET

Rüyada senet veya evrak imzaladığını gören genç bir erkek için , ilerde çok üzüleceği ve pişman olacağı bir mektup yazacak demektir. Orta yaşlı birisi için ibu rüya iş hayatında güven duyulmayan bir çalışan olduğuna yorumlanır.

Genç kız için, bu rüya ani bir evliliğe; evli olanlar içinse başka bir eve taşınmaya yorumlanır.

SEPET

Dolu bir sepet görmek veya taşımak, yakında büyük başarılar kazanacağınızı haber verir. Boş bir sepet, üzüntü ve sıkıntıların işaretidir.

SERAP

Rüyasında serap gören, kişinin gerçekleşmesi imkansız hayalleri var demektir.

SERÇE

Rüyada serçe görmek, yakında doğacak erkek çocuğuna yorumlanır. Serçe yakaladığını görmek, çok iyi bir çocuğunuz olacağına işaret eder.

SERGİ

İşlerinizde başarılı olacaksınız, kazandığınız parayla mülk alacaksınız demektir.

SERVET

Rüyasında bir servete sahip olduğunu görmek, tanımadığı insanlarla ilişkilerinde dikkatli olmasının gerektiği konusunda haber verir.

SES

Rüyada insanın bir takım garip sesler duyması fakat sesleri tanıyamaması, kendisini ilgilendiren bir sorun hakkında pek doğru olmayan bir haber alacağına yorumlanır.

SEVGİLİ

Rüyada görülen sevgili, gerek kız gerek erkek olsun, güzel bir evliliğe yorumlanır. Eski bir sevgili görmek ise uzun zamandır ödeyemediği bir borç nedeniyle sıkıntıya düşeceğini belirtir. Evliler için eski sevgiliyi rüyada görmek, aile huzurunuzun bozulacağına yorumlanır.

SEVİŞMEK

Rüyada seviştiğinizi görmek, güvendiğiniz bir insanın size tuzak hazırladığına işaret eder.

SIĞIR

Rüyada sığır görmek. Çok güzel bir hayat yaşayacağınıza, verdiğiniz emeklerin karşılığını alacaksınız demektir. Sığır eti yemek, helal yollardan, çok para kazanacağınıza yorumlanır.

SINAV

Rüyada sınavda olduğunu görmek, geleceğinizin çok iyi olacağına işaret eder.

SIRAT

Rüyada sırat köprüsünü görmek veya onun üzerinde yürümek, her türlü yolculuğa yorumlanır. Köprüden geçerken, ayağının kaydığını görmek, büyük bir işe atılacağına ve bu işte büyük başarılar kazanacağına yorumlanır.

SIRTLAN

Kötü huylu bir kadınla karşılaşılacağına işarettir. Kendini sırtlanla beraber görmek böyle bir kadınla evleneceğinize, ama bu evliliğin kısa süreceğine yorumlanır.

SİGARA

Rüyada kendisini sigara içerken görmek, bir erkek için, karşılaşılacak bir çok zorluktan sonra başarıya ulaşılacağını belirtir. Orta yaşlı ise, bozmak zorunda kalacağı iyi bir arkadaşlığa işaret eder; Bekar bir kız rüyada sigara içmek varlıklı bir kişiyle evleneceğine işaret eder. Evli veya çalışkan bir kadın için üzüntülü ve sıkıntı verici günlerin yaklaştığına yorumlanır. Sigara almak yeni planlar içerisinde olduğunuzu işaret eder.

SİHİRBAZ

Hayatınızda bazı yenilikler yapacağınıza işarettir. Bu yenilikler etrafınızdaki insanları çok şaşırtacak demektir.

SİĞİL

Rüyada siğil çıktığını görmek, işlerinizin iyi olacağına, malınızın sürekli artacağına işarettir.

SİKKE

Rüyada altın sikke görmek, sağlığınızın bozulacağına işaret eder. Gümüş sikke görmek, sevdiklerinizle hoş vakit geçireceğiniz bir toplantıya yorumlanır.

SİLAH

Rüyada silah görmek, kuvvete ve düşmanları alt etmeye ve zafer kazanmaya yorumlanır. Silahı olduğu halde kullanamıyorsa onun olgunluğuna ve muradına erişmesine yorumlanır.

SİNCAP

Çok güzel bir hayvandır ve mutluluğu haber veriri. Gerçekten iyi dostlara sahip olacak ve işlerinizde daima başarılı olacaksınız demektir.

SİNEK

Rüyada sinek gören kişi bir bulaşıcı hastalığa yakalanır. Rüya kadın gürenin aşk hayatının alt üst olacağına işarettir.

SİNEMA

Rüyada sinema ile ilgili bir şey görmek, sevdiğiniz insanlarla güzel vakit geçireceğinize işaret eder.

SİNİ
Yakında evleneceğinize işaret eder. Sini almak ev içinde, eşinizle bazı problemler yaşayacaksınız demektir.

SİRKE
Rüyada sirke görmek, bir iyi arkadaşınızla aranızın hiç gereksiz yere açılacağına yorumlanır.

SİS
Rüyada kendisini sis içinde yürürken görmek, dostlarınızın size yardım edeceğime işarettir. Rüyada ev içini sisli görürse, bazı anlaşmazlıklarla, ilginç şaşırtıcı olayların gerçekleşeceği ve bir tehlikenin yaklaşmakta olduğuna haber verir.

SİYAH
Siyah renk, paraya yorumlanır. Bir insanın rüyada siyah giymesi paraya, acıya hüzne yorumlanır.

SOBA
Rüyasında soba yakında gerçekleşecek evliliğe yorulur. Rüyasında soba satmak gören kimsenin işleri kötüye gidecek demektir. Soba yakmak, yeni atılacağınız işten çok kazançlı çıkacaksınız demektir.

SOFRA
Rüyada sofra görmek, sevinmek ve mutlu olmak anlamındadır. Sofra bezi görmek uzun sürecek bir yolculuğa çıkacağınız ve rahata yorumlanır.

SOĞAN
Rüyada soğan gören kişi için kaygı verici ve üzüntülü bir durum var demektir.

SOLUCAN

Çevrenizde kötülüğünüzü isteyen insanlar var demektir. Solucan öldürdüğünü görmek, düşmanlarınızı alt edeceğinize işaret eder.

SOPA

Rüyada sopa görmek, para sıkıntısı çekmeyeceğinize, rahat bir yaşam süreceğinize işaret eder.

SÖĞÜT

Arkadaşlarınızın iyi insanlar olmadığını, onlarla arkadaşlık etmenin size zararı dokunacağını belirtir.

SU

Rüyada görülen su, güzel bir yaşam ve iyi bir rızkla yorumlanır. Bir kimsenin evinden su çıktığını görmesi, zenginliğe ve iyiye yorumlanır. Sıcak su içmek, çok fazla üzüntü ve sıkıntı çekileceğine işaret eder. Suyu emmek, maddi sıkıntı içinde olmak anlamındadır. Bulanık suyun bir yere akması veya içilmesi, rüyayı görenin hastalanılmasına yorumlanır. Sudan içilmesi, para sıkıntısının olmayacağına rahat bir yıl geçirileceğine yorumlanır.

SUBAY

Rüyada subay görmek etrafınızdan saygı göreceğiniz makama yükseleceğinizi belirtir.

SUCUK

İşleriniz yüzünden çok yorulduğunuzu, biraz dinlenmeniz gerektiğini işaret eder.

SUSAM
Rüyada susam görmek, zengin olmak ve her geçen gün zenginliğin artmasına işarettir.

SÜLÜK
Bir kimsenin sizden yararlanmak için sürekli peşinizde olduğunu bildirir.

SÜLÜN
Çok güzel ve iyi huylu birisine aşık olacağınıza işarettir.

SÜMBÜL
Rüyada sümbül görmek, servet ve saygın bir kişi olacağının işaret demektir.

SÜPÜRGE
Bir kadının süpürge ile bir yeri süpürmesi, çok mutlu olacağına ve rahat bir yaşam süreceğine işaret eder.

SÜT
Rüyasında süt işlediğini gören bir erkek için bu rüya kendisini görmesi, iş yaşamında korkak davranması ve yeterince tecrübeli olmadığı için para kaybedeceğine işarettir. Orta yaşlı birisi için bu rüya zor bir işe sahip olduğunu ve başarılı olmak için mücadele etmesi gerektiğini belirtir. Olgun bir kadın içinse umulmadık ve çok mutlu edecek bir misafirin geleceğine yorumlanır. Rüyada süt sağdığını görmek , para kazanacak yolların bulunacağına işarettir. Süt içmek mutluluğun ve başarının işaretidir. Süt dökmek, yakın bir arkadaşınızın yüzünden zarara uğrayacağınızı bu duruma çok üzüleceğinizi belirtir.

ŞADIRVAN

Rüyasında şadırvan gören kimse mutlu, huzurlu bir yaşam sürecek, uzun ömürlü olacak demektir.

ŞAFAK

Rüyada şafak söktüğünü görmek refaha, rahatlığa ve mutlu bir yaşama yorumlanır.

ŞAH

Başarılı olması çok zor olan bir işi üstünüze alacak, başarıyla sonuçlandıracaksınız demektir.

ŞAHİN

Rüyada şahin gören kişinin çok dikkatli olması gerekir Aksi taktirde, bazı insanların size kötülük yapacak demektir. Ölü bir şahin görmek, veya bir şahin öldürmek, karşınıza çıkan sorunları aşıp düşmanlınızı alt edeceğinize işarettir.

ŞAİR

Asıl yapmanız gereken işleri yapmayacağınızı, sorumluluklarınızı yerine getirmeyeceğinizi işaret eder.

ŞAL

Rüyada şal görmek, çok yakında arsa ya da bir tarla alacağınıza yorumlanır. Rüyada omzuna şal aldığını görmek bekar bir kadın için yakın bir zamanda evleneceğine işarettir.Evliliğin nasıl olacağını da şalın rengi belirler.

ŞALGAM

Rüyada şalgam görmek, tüm sıkıntıları içinize attığınıza, çevrenizdeki insanlardan yardım istemelisiniz demektir.

ŞALVAR

Rüyada şalvar, giymek için evlenmek ve ile güzel bir aile hayatı demektir. Zengin olmaya ve makamında yükselmeye yorumlanır.

ŞAM FISTIĞI

Rüyasında Şam fıstığı yiyen kişi , boş, gereksiz, yarar sağlamayan işlerle vakit geçiriyor demektir.

ŞAMDAN

Süslü bir şamdan başarı simgesidir. Şamdanda mum yanması dertlerin geride kaldığını haber verir. Üstü değerli taşlarla kaplı bir şamdan büyük bir paranın neden olacağı mutluluktur.

ŞAMPANYA

Rüyada şampanya içmek çok hırslı olduğunu, artık hırsını dizginlemesi gerektiğini işaret eder. Kristal kadehteki şampanya, evlilik veya gönül işidir.

ŞAMPUAN

Saçlarınızı şampuanladığınızı görmek; bazı dert ve sıkıntılardan çok kısa bir süre sonra sıyrılacağınız anlamına gelir. Bol miktarda köpük görmek, hayal dünyasında yaşadığınızı; artık ayaklarınızın yere basması gerektiğini bildirir.

ŞAPKA

Rüyada şapka satın almak, birisinin yardımı ile işlerinin kolaylaşacağına ve başarıya ulaşacağına, bundan dolayı da kazancının artacağına yorumlanır Yeni bir şapka, taşınacağınızın veya işinizi değiştireceğinizin haberidir. Yaşamınızdaki bazı değişiklikler, sizin karlı çıkmanıza sebep olacak. Şapka kaybetmek, işyerinde sıkıntılar yaşayacağınız anlamına gelir.

ŞARAP

Rüyada arkadaşlarıyla beraber içki içmek, güzel vakit geçirmek, çok para kazandıracak bir iş değişikliğine yorumlanır. Yalnız şarap içtiğini görmek, çok sinirlenip üzüleceği bir haber geleceğine yorumlanır. Hediye olarak şarap almak veya hediye etmek, az bir paraya ve iyi şansa işarettir. Arap satın almaksa, çok önemli bir tartışmaya yorumlanır.

ŞARKI

Rüyada şarkı söylemek surette görülürse görülsün kötü haber, göz yaşı ve acı işaretidir.

ŞAŞI

Rüyada şaşı birisini görmek, işlerinizin ve sağlığınızın çok güzel olacağına yorumlanır.

ŞEFTALI

Rüyada olgun şeftali aldığını görmek para kazanmak ve gayri menkul almak demektir. Bekar bir erkek için bu rüya, zengin ve iyi huylu biriyle evlenmek demektir. Şeftalileri ağaçta görmek ise ünlü ve varlıklı bir aileden birisiyle evlenmek anlamındadır. Evliler için rüyada şeftali görmek ev içinde güzel geçim, huzur ve mutluluk işaretidir.

ŞEHİT

Rüyada şehit olmak ya da görmek çevrenizde saygı görecek makamlara yükseleceksiniz demektir.

ŞEHRİYE

Rüyada şehriye çorbası içmek, daha önce hiç tanışmadığınız birinden hem para yardımı göreceksiniz hem de çok önemli tavsiyeler alacaksınız demektir.

ŞEHZADE

Rüyada şehzade görmek, gelecekte çok başarılı olacağınıza yorumlanır.

ŞEKER

Rüyada şeker görülmesi, ferahlığa, sevince, kolay ve rahat bir rızka yorumlanır. Rüyada şeker almak, yemek, eğlenceli bir yaşam, zengin olmak anlamındadır. Çuvallarla dolu toz veya kesme şeker görmek çok fazla para kazanmak anlamındadır. Birine kutuyla şeker ikram etmek bağışta bulunacağınıza yorumlanır.

ŞEKER KAMIŞI

Rüyada şeker kamışı, şeker pancarı görmek, mutluluk sağlayacak, sevindirici bir haber alacağınıza ve bir iyi arkadaşınızın çok ciddi sağlık problemleri yaşayacağına ve önünüze bol miktarda para kazandıracak iş fırsatları geçeceğine yorumlanır.

ŞELALE

Rüyada şelaleye bakmak, kişinin geleceğin etkileyecek, bir tesadüfün yaşanacağına yorumlanır.

ŞEMSİYE

Rüyada yağmur yağarken şemsiye ile yürümek, rüyayı gören kişinin çok zor bir duruma düşmesiyle ona büyük destek sağlayacak iyi bir arkadaşı olduğuna yorumlanır. Rüyada kapalı bir şemsiye güzel bir iş, açık şemsiye büyük güven duymak demektir. Büyük bir plaj veya bahçe şemsiyesinin altında oturduğunu görmek, her türlü dert, tasadan uzak olmak demektir.

ŞERBET

Rüyada şerbet içtiğini görmek malınızın ve de paranızın sağlayacağı imkanlarla ömrünüzün sonuna kadar rahat içinde yaşayacağınızı belirtir. Şerbet dağıttığını görmek ise insanları mutlu edecek davranışlar içine gireceksiniz demektir. Loğusa şerbeti içmek de çocuk sahibi olunacağına yorumlanır.

ŞEYTAN

Rüyada şeytan görmek amaçlarınıza ulaşmak için yaptığınız kötülüklere ve hilelere artık son vermelisiniz anlamındadır. Eğer rüyada şeytanı mağlup ettiğinizi görürseniz, bazı tehlikeleri, zorlukları ve kötülükleri aşmak için yeteri kadar güce sahip olduğunuza yorumlanır.

ŞİİR

Rüyada şiir okumak, yakında bir teklif üzerine yalan yere şahitlik yapacağına yorumlanır Rüyada şiir kitabı alan sevgilisinden haber alır. Şiir okuduğunu görmek duygu ve düşüncelerini açıklayarak istediği kimseyi etkileyecektir.

ŞİLTE

Hayatınızda yeni ve köklü değişiklikler olacak demektir. Şilte almak, yeni bir evliliğe yorumlanır.

ŞİMŞEK

Rüyada gökte şimşek ve yıldırım görmek zorluklarla mücadele edeceğinizi belirtir. Başına veya evine yıldırım düştüğünü görmek, o kimsenin başına bir çok sıkıntı geleceğine yorumlanır. Yine aynı zamanda yağmur yağıyorsa, büyük bir bolluğa yorumlanır. Rüyada şimşek çakması, çok sevineceğiniz bir haber almak demektir. Şimşek çakarken hava aydınlanıyorsa rüyayı görenin geleceği çok iyi olacak demektir.

ŞİRKET

Kötü giden işleriniz, dostlarınızın yardımı ve desteği ile düzelecek demektir.

ŞİŞ

Demir şiş görmek, işleriniz çok iyi olacak, kazandığınız parayla iyice güçleneceksiniz demektir. Birisine şiş batırmak, iki yüzlü insanlarla arkadaşlık edeceğinize işaret eder. Bir yerinizde şişlik olduğunu görmek, sağlık durumunuzun bozulacağına yorumlanır.

ŞİŞE

Rüyada şişe görmek mutluluk ve itibar kazanmak anlamındadır. Eğer şişe kırılmışsa üzüntü ve acı habere yorumlanır. Şişenin kırıldığını görmek eşinizin ya da tanıdığınızın ölümüne işarettir.

ŞİŞMANLAMAK

Aşırı şişmanladığını görmek, yaşamınızda bazı güzel değişimler yapacağınıza yorumlanır. Şişman insanlar görmek, zenginliğe yorumlanır.

ŞÖHRET

Kendini şöhretli bir kimse olarak görmek, davranışlarınızda dikkatli olmalısınız, aksi halde hem siz hem de çevrenizdeki insanlar çok üzülecek demektir.

ŞÖMİNE

Can derdi demektir. Kötü bir olay, moralinizi bozacak, sizi çok üzecek demektir. Eğer şöminede ateş yanıyorsa, bu şansınızın iyi olacağına açılacağına ve işlerinizin yoluna gireceğine yorumlanır.

TABAK

Rüyada tabak görmek iyi, güzel olaylar olacağına yorumlanır. Rüyada temiz, sağlam ve boş tabak alan kişi çok para kazanacağı yeni bir işe atılır anlamındadır. Bir tabağa yiyecek koymak o kimsenin zengin olacağına işaret eder.

TABANCA

Rüyada tabanca güçlü ve saygı duyulan biri olmak demektir. Elinde tabanca olan kimse, yaşamında yüksek makamlara yükselir. Rüyada tabanca kullanmak, bir iftiraya uğrayacağınıza yorumlanır. Tabanca satın almak, birilerinin sizin dedikodunuzu yapacağını belirtir. Tabanca temizlemek, bir işe başlayacağınıza yorumlanır. Tabanca ile ateş etmek, hırslı ve birine işarettir. Tabanca ile vurulmak, karşı cinsten birine kuvvetli bir şekilde aşık olduğuna yorumlanır.

TABELA

Rüyada tabela görmek, özel yaşamınızda yaptığınız hatalı davranışlar nedeniyle işlerinizde de başarısız olacağınıza yorumlanır.

TABLO

Rüyasında tablo gören kişinin, uzun süredir planladığı işleri kısa süre sonra gerçekleşeceğine yorumlanır.

TABUR

Rüyada askeri bir tabur görmek, yakında şansınızın çok iyi olacağına ve başarılı işler yapacağınıza yorumlanır.

TABURE

Rüyasında tabure gören kişinin, sıcak ve deniz kenarında bir yerde güzel bir tatil yapacağına ve rahatlayacağına işaret eder.

TABUT

Rüyada tabut görmek, zorlukların üstesinden gelmeye ve kazanca yorumlanır. Tabutu açık görmek, daha dikkatli olmazsanız birçok zorlukla karşı karşıya kalacaksınız demektir. Bazen kötü anlam içeren bir rüyadır.

TACİR

Rüyasında tacirden bir şey alan kimse, güvendiği bir insan tarafından aldatılacak demektir.

TAÇ

Başına güzel bir taç taktığını gören bekar kadın çok güzel bir evlilik yapar. Tacın baştan çıkarılması yada düşmesi, ayrılık ve başarısızlıktır.Rüyada taç giymek, çok kısa bir süre sonra büyük bir isteğinizi gerçekleştireceksiniz demektir.; Başkasını taç giyerken seyretmek , düşmanlarının karşısında yüksek bir seviyeye yükseleceğine yorumlanır. Rüyada taç evlilik, işte başarılı olmak, kısmet olarak kabul edilir.

TAHT

Rüyada taht görmek, çok yüksek makamlara yükseleceğinize yorumlanır. Tahtta oturduğunu görmek çevrenizdeki insanların saygısını kazanacağınıza işaret eder. Başkasının tahtta oturduğunu görmek, başka insanların size yardım etmesiyle başarı kazanacaksınız anlamındadır.

TAHTA KURUSU

Rüyada tahta kurusu görmek, çevrenizdeki size zararı dokunacak insanlarla çevrili olduğuna yorumlanır.

TAKA

Rüyada taka görmek, muradınıza ereceğinize yorumlanır.

TAKKE

Rüyada takke, daha önce yaptığınız, utanç verici bir olay ortaya çıkacak demektir. Takke almak, hayatınızda bazı değişiklikler yapacaksınız demektir. Eski bir takke görmek hayal kırıklığına uğrayacağınızı haber verir.

TAKSİ

Bir arkadaşınız, size büyük bir sırrını emanet edecek. Eğer rüyada taksi şoförlüğü yapıyorsanız, bir işe girecek fakat pek kar elde edemeyeceksiniz.

TAKUNYA

Rüyada takunya görmek, işlerinizin yavaş yavaş ilerlediğine yorumlanır.

TAKVİM

Rüyada takvim görmek, çok büyük miktarda para kazanmaya yorumlanır. Rüyada doğum tarihini düşünmek, hiç beklemediği anda çok büyük bir miras kalacağına yorumlanır.

TAMBUR

Rüyada tambur görmek, boş inançlarınız olduğuna yorumlanır. Tambur çaldığını görmek sıkıntılarınızın her geçen gün büyüdüğüne işaret eder.

TANDIR

Tandırla ekmek pişirip, yiyen kimsenin rızkı artar. Tandır görmek misafir

TANRIÇA

Yunan tanrı veya tanrıçalarını görmek, hayal aleminde yaşadığınızı, artık ayaklarınızın yere basması gerektiğini belirtir. ağılayacağınıza işaret eder.

TARAK

Rüyada yeni bir tarak görmek yola çıkılacağının işaretidir. Eski bir tarak uzaklardan bir haber alır. Başına süslü tarakla taradığını görmek bekarlar için güzel bir evliliğe yorumlanır.

TARÇIN

Rüyada tarçın görmek, kötü haber alınacağına yorumlanır.

TARHANA

Rüyada tarhana çorbası içmek, o kimsenin sıkıntı ve zorluklarla karşılaşacağına yorumlanır.

TARLA

Rüyada tarla görmek çok bol para kazandıracak, karlı işlere girileceğinin işaretidir. Rüyada tarla ekmek emeklerinin karşılığını alacak demektir.

TAS

Rüyada görmek, çok güzel bir kadınla aşk yaşanacağına yorumlanır.

TAŞ

Rüyada taş görmek, düğün ya da nişan yapılacağına işaret eder.

TATİL

Rüyada tatil görmek, işlerinizin yoğunluğu nedeniyle çok yorgun olduğunuzu, dinlenmeniz gerektiğini bildirir.

TAVA, TENCERE

Tava veya tencere görmek ölüme işarettir.

TAVLA OYUNU

Rüyada tavla oynamak; manevi huzura kavuşacağınıza yorumlanır.

TAVŞAN

Rüyada hızlı koşan bir tavşan görmek, gizlenmesi lazım olan bir sırra yorumlanır. Tavşan avlamak, endişe ve şüphe içinde bir zamanın yaşayacağınıza işarettir. Rüyada yavşan satmak, satın almak veya yemek sağlık durumunun hafif bir hastalıkla yorumlanır.

TAVUK

Bir süre canınız sıkılacak, bu sıkıntıların sonunda mutluluğa ve huzura ereceksiniz ve rahata kavuşacaksınız demektir. Rüyada tavuk, aile yaşamınızın güzel ve düzenli olacağına mutlu günler geçireceğinize yorumlanır. Küçük tavuklar veya civcivler, iş yaşamında başarılı olacağına işaret eder.

TAVUS KUŞU
Zengin ve güzel bir kadınla tanışacağınıza işaret eder.

TAZI
Rüyada tazı görmek, işlerinizde basamakları hızlı bir şekilde çıkacağınıza ve başarı kazanacağınıza yorumlanır.

TEBEŞİR
Rüyada tebeşir görmek, son zamanlarda sağlığınızı çok ihmal ettiğinizi bildirir. Tebeşirle yazı yazdığını görmek, başarı kazanacağınızın işaretidir. Elinde tebeşir tutmak, özel yaşamınızda dertler yaşayacaksınız demektir.

TECAVÜZ
Rüyada tecavüze uğramak, aşk yaşamınızda bazı sorunlar yaşayacaksınız kötü günler geçireceksiniz demektir.

TEKERLEK
Rüya sahibinin yaptığı ve yapacağı bütün işlerinin iyiye doğru dönmesiyle yorumlanır.

TELEFON
Rüyada görmek; çok güzel bir haber almaya, size birinden miras kalacağına ya da yüksek bir makama yükselmeye yorumlanır.

TELESKOP

Rüyada teleskopla ay ve yıldızlara bakmak; yüksek bir makama yükselmeye ve yüksek makamdaki insanlarla güzel sohbete yorumlanır.

TELGRAF

Rüyada telgraf almak, uzaktan gelecek iyi haberlere yorumlanır.

TENEKE

Rüyada teneke görmek, helal olmayan yollarla para kazanmaya yorumlanır.

TEPE

Rüyada dik bir tepeye çıkmak; çok zor bir işi üzerine alıp başarıla sonuçlandıracaktır. Eğer tepeye arkadaşlarıyla tırmanıyorsa; istemeyerek bir işi veya borcu üslenecek ve sorumluluk alır demektir.

TERAZİ

Rüyada terazi görmek, önemli bir konuda karar vermesi gerektiğini işaret eder. Teraziyle bir şey tarttığını görmek kendisiyle ilgili önemli bir karar verecek demektir.

TEREYAĞ

Rüyada tereyağlı bir ekmek yemek, iyi şans demektir. Rüyada tereyağı almak veya satmak genç yaştaki erkek için; işlerinde başarı kazanmaya işarettir. Genç bir kız için bu rüya; hiç istemediği bir işte çok zorlanacağına işaret eder. Orta yaşlı kadınlar; için dikkatli olması gerektiğine yorumlanır.

TERLİK

Rüyada terlik görmek mutluluk verecek haberler alacağınıza yorumlanır. bu rüyayı gören kimse, huzurlu ve mutlu bir yaşam sürecek demektir.

TERZİ

Rüyada terzi görmek, adil birisiyle tanışılacağına yorumlanır.

TESBİH

Rüyada tespih görülmek çok güzel haberler alınacağına işarettir. Tespihin kopması veya tanelerinin dağılması üzüntü verecek haberler alınacağına yorumlanır.

TESTERE

Eelinizi attığınız tüm işlerde başarıya ulaşacağınızı belirtir. Testere ile bir şey kesmek, düşmanlarınızı yeneceğinize işarettir.

TEYZE

Rüyada teyzesini gören kişi çok güzel bir rüya görmüştür. Bu rüya beklenmedik bir kişiden size miras olarak çok büyük miktarda para kalacak demektir.

TESTİ

Rüyada testi doldurduğunu görmek, işlerin çok iyi olacağına ve servet sahibi olunacağına işarettir.

TIRNAK

Rüyada tırnak kesmek kötü bir olaya işarettir. Güzel tırnaklar başarı kazanacağınız işlere gireceğinizi bildirir. Bakımsız tırnaklar, dert ve hastalığa yorumlanır.

TIRTIL

Rüyada tırtıl gören kimsenin etrafına dikkat etmesi gerektiğini, bu insanların güvenilmez kimseler olduğunu bildirir.

TİLKİ

Rüyada tilki görmek etrafınızda kötülük yapabilecek insanların olduğuna yorumlanır. Tilki kürkü giymek düşmanlarınızı alt edeceğinizi belirtir. Tilki sütü içtiğini görmek hastalıklarınızın iyileşeceğini bildirir.

TİMSAH

Timsahın karada yürüdüğünü görmek, onun çok tehlikeli düşmanlara sahip olduğuna işarettir. Eğer timsah sizi ısırdıysa, yaşamınız tehlike içindedir demektir. Timsahı öldürmek, düşmanlarınızı alt edeceğinize yorumlanır. Gizli düşmanlarınız var demektir. Bu insanlara ve sağlık durumunuza dikkat edin.

TİYATRO

Rüyada sahnede ya da tiyatro oyununda oynamak genç bir erkek için çok istediği bir şeyi elde edeceğine işarettir. Orta yaşlı birisi için ise yakında birisiyle arkadaşlık edeceğine yorumlanır. Genç bir kadın için bu rüya hayatında önemli ve mutluluk getirecek değişikliğe gideceği demektir. Daha yaşlı ise; sevdiği bir arkadaşının ihanetine yorumlanır.

TOPAL

Rüyada kendisini topal görürse bu pek hayra sayılmaz. Bu rüya arkadaşlarının desteği ile bütün zorlukların üstesinden geleceğine işarettir.güçlükleri önleyeceğine yorumlanır.

TOPLU İĞNE

Bu rüya kötü bir olaya yorumlanır. Rüyada kendini toplu iğneler içinde kendisini görmek, aslında pek önemli olmayan olaylara yorumlanır.

TÖREN

Rüyada bir törene katılmak görmek, sevgilinize ve eşinize güvenmeniz gerektiğine onun size olan sevgi ve saygısından emin olmanız gerektiğine işaret eder.

TOPUZ

Topuz görmek, üst makamlarda bulunan, güçlü bir kimseden her zaman yardım göreceğinizi bildirir.

TOZ

Rüyada eşyaların toz içinde olduğunun görülmesi para kazanacağınıza yorumlanır. Elbiselerinin tozlarını silkelemesi o kimsenin sıkıntılarını attığına ve ömürlü olacağına yorumlanır.

TRAMPET

Rüyada trampet sesi duymak, kısa zaman sonra birçok güzel olayın gerçekleşeceğini bildirir.

TREN

Rüyada tren görmek; iş yaşamınızda yükselme fırsatının ortaya çıkacağına işarettir. Trende birisini görmek; arkadaşlarının yardımı ile işlerinde başarı kazanacağına yorumlanır. Bilmediği bir yere tren yolculuğu yapmak çok yarar sağlayacak bir davete yorumlanır.

TURŞU

Rüyada turşu insanın çok istediği bir işten beklediği iyi sonuçları alamayacağı, hayal kırıklığı yaşayacağını işaret eder. Rüyada turşu kurmak, haram para kazanacağına işaret eder. Turşuyu kaba koyan kişi mutlu olamayacağı bir evlilik yapacak demektir.

TUZ

Rüyada tuz gören kişi yaşamında bazı değişiklikler yapmak istiyor; ancak çevresindekiler buna izin vermiyor demektir. Rüyada tuz görmek etrafınızda iki yüzlü insanların olduğunu da bildirir.

TÜFEK

Rüyada tüfek kullanmak, akrabanız ya da iyi arkadaşlarınızla aranızda tartışmalar yaşayacağınıza ve kötü haberler alacağınıza yorumlanır.

TÜLBENT

Rüyada herhangi bir tülbent, şeref ve itibara yorumlanır.

TÜNEL

Tünel içinden trenle geçmek, sıkıntılı geçen günlerin sona ereceğine, rahata ve huzura kavuşacağına yorumlanır.

TÜY

Rüyada eline tüy almak, genç bir erkek için; çok istediği bir şeyin elde edileceğine işarettir. Kadınlar için; tüy yeni bir aşk yaşanacağına işaret eder. Rüyada tüy görmek dert ve üzüntüleri üzerinizden atacaksınız demektir. Tavuk tüyü, gereksiz ve size yarar sağlamayacak işlerle uğraştığınızı bildirir. Siyah tüy, aşk yaşamınızda hayal kırıklığı yaşayacağınıza yorumlanır.

UÇAK

Havalanan uçakta olduğunu görmek, isteyerek hayatında değişiklik yapacak demektir. Rüyada uçak, yenilik, değişiklik, toplum kurallarının dışına çıkmak şeklinde yorumlanır.

UÇURUM

Kötü ve acı haberler alabileceğinizi işaret eder. Uçuruma düştüğünü görmek, evliliğinizin kötüye gideceğine yorumlanır.

UÇURTMA

Rüyada uçurtma, hiç beklemediğiniz bir zamanda, hiç beklemediğiniz yerden haberler alacağınıza yorumlanır. Bir yerde duran uçurtmalar, henüz yola çıkmamış haber demektir. Uçurtma uçurmak çevresindeki insanları etkileyecek, itibar kazanacak anlamındadır. Uçurtmanın yere düştüğünü görmek yalan habere yorumlanır.

UD

Rüyada ud çalmak geçmiş yaşadığınız olayların hafızanızdan çıkmadığına yorumlanır.

UĞURBOCEĞİ

Rüyada uğurböceğini uçarken görmek, çok güzel, mutluluk verecek bir haber almak demektir. Uğur böceğinin üstüne konduğunu görmek problemlerine çözüm bulacak ve mutlu alacak demektir. Uğurböceğini öldürmek uğursuzluğa yorumlanır.

ULUMAK

Rüyada uluma sesi duymak, çok kötü bir hastalığa tutularak, sıkıntılı günler geçireceksiniz demektir.

UN

Rüyada un çok para kazanmak ve zengin olmak demektir. Un dolu çuvallar görmek, hiç emek harcamadan zengin olmak demektir. Üstü başı una bulandığını görmek istediğiniz şeylere sahip olacağınıza yorumlanır. an istediklerini alır.

UR

Rüyada ur görmek, iş hayatınızda büyük sorunlarla karşılaşacaksınız demektir.

URGAN

Rüyada urgan görmek, kötü ve üzüntü verici bir haberin alınacağına yorumlanır.

USTURA

Rüyada ustura gören kişinin erkek çocuğu olacağına yorumlanır. Ayrıca ustura, kin tutmaya, üzüntü ve acı verecek demektir.

UTANMAK

Rüyada utandığını görmek, beklemediğiniz bir haberin sizi çok mutlu edeceğine işarettir. Başkalarının utandığını görmek, çevresindeki insanlarla ilgili güzel sözler duyar.

UYKU İLACI

Rüyada uyku ilacı içmek, yaşadığınız sıkıntılı günlerin sonunda mutlaka rahata ve huzura kavuşacağınıza yorumlanır.

UYUMAK

Rüyada uyuduğunuzu görmek, sevdiğiniz insanlarla beraber mutlu ve huzur içinde uyumak demektir. Kötü bir ortamda uyumak, sağlığınızın bozulacağına ve tartışmalar yaşayacağınıza yorumlanır.

UYUŞTURUCU

Rüyasında uyuşturucu kullanmak dedikodunuzun yapılacağına ve iftiraya uğrayacağınıza işaret eder.

UYUZ

İşleriniz çok iyi olacak, çok para kazanacaksınız demektir.

UZAY

Uzaya gittiğini görmek, rüyayı gören kimsenin yeni olaylara şahit olacağına işarettir. Bu rüyayı görenin güveni ve inancı artar.

ÜCRET

Rüyada ücret vermekte almakta iyiye yorumlanır. Rüyada birisine bir iş karşılığı ücret ödemek birilerine yardımda bulunacağınıza işarettir. Rüyada ücret almak ise işlerinizin alacağınız yardımlarla düzeleceğine yorumlanır. Ücret verdiğini görmek, birine yardımda bulunacaktır.

ÜLSER

Düzensiz yaşamanız nedeniyle sağlığınızın bozulduğunu bildirir. Bir hastalığa yakalanacağınızı haber verir.

ÜNİFORMA

Üniforma ile ilgili rüyalar, mutluluk ve iş yaşamında başarılara yorumlanır. Rüyada üniforma veya üniformalı birini görmek gerçekten iyi arkadaşlarınızın desteği ile isteklerinize kavuşacaksınız demektir.

ÜNİVERSİTE

Rüyada bir üniversitede olduğunu görmek, içinde bulunduğunuz sıkıntılı durum iye doğru değişecek demektir. İş yaşamınızda da başarılı olacağınıza yorumlanır.

ÜN

Rüyada ünlü olmak rüyayı göreni mutlu edecek, umutlandıracak olaylarla karşı karşıya geleceğini işaret eder. Ünlü birini görmek; çevresi geniş, güçlü birinden yardım alacağına yorumlanır.

ÜRPERME

Rüyada ürperdiğinizi görmek, küçük bir hastalığa yakalanacağınızı haber verir.

ÜŞÜMEK

Rüyada bir erkeğin üşümesi; başarısızlığının nedenlerini dışarıda değil kendisinde araması gerektiğini bildirir. Orta yaşlı birisi için bu rüya eskiden yaptığı bir hatanın ortaya çıkacağını ancak bu olayın üstesinden geleceğini işaret eder. Evli kadınlar için; önemsiz bir kaza yapacağına yorumlanır. Genç birisi için ise yakında aşk yaşamak anlamındadır.

ÜTÜ

Rüyada ütü insanın yaşamına karışan, öğüt veren, bir kimse olabilir. Rüyada sıcak ütü görmek, çok akıllı bir insan olduğunuza ama aklınızı iyi kullanmadığınız için zarara uğrayacağınıza yorumlanır. Rüyada bir şeyi ütülemek, işlerin iyi olacağına yorumlanır.

ÜVEY

Rüyada üvey anne, baba ya da kardeş görmek, kötü bir haber alacağınıza yorumlanır.

ÜZENGİ

Rüyada üzengi görmek, bir yolculuğa çıkacağınızı bildirir.

ÜZÜM

Rüyada üzüm görmek bir işten bol miktarda para kazanılacağını işaret eder. Kara üzüm ise sıkıntı, üzüntü ve hastalığa yorumlanır. Beyaz üzüm; iyi olaylara ve şifaya yorumlanır.

VADE

Altından kalkamayacağınız işlerin sorumluluğunu aldığınızı bu işlerin sonunda çok zor durumda kalacağınızı bildirir.

VADİ

Rüyada yeşil vadi görmek, yaşantınızın mutlu bir şekilde devam edeceğine yorumlanır. Yemyeşil, güzel bir vadi, insanın muratlarına ereceğini, bildirir. Böyle bir vadiye gittiğini görmek sıkıntılardan uzak bir yaşam sürmek demektir.

VAGON

Rüyada vagon görmek, bir yolculuğa çıkacağınıza yorumlanır. Kömür yüklü vagon görmek, zengin olmaya yorumlanır. Boş vagon görmek ise, az ücret alacağınız bir işe gireceğinizi işaret eder.

VAHA

Rüyada vaha görmek, dertli günlerin sona erdiğine rahata ve bolluğa kavuşacağınıza yorumlanır. Çöl ortasında bir vaha, görmek, eski bir arkadaşınızla bir araya geleceğinizi işaret eder.

VAHŞİ

Rüyada vahşi hayvan görmek, para kazanacağınıza işaret eder.

VAHİY

Rüyada meleklerden biri aracılığıyla kendisine veya bir başkasına vahiy indiğini görmek; hayra, iyi habere ve Allah'ın sevdiği kulu olmasına yorumlanır.

VALİ

Yakın zamanda, tecrübeli ve açık görüşlü bir kimseyle tanışacağınıza işaret eder.

VALİZ

Bazı yarar sağlamayacak sorumluluklar alacağınızın işaretidir. Eğer valiz taşıdığınızı görürseniz, bu, yaşamınızda çok büyük zorluklar yaşayacağını bildirir.

VAMPİR

Rüyada vampir görmek, çevrenizdeki insanların iyiliklerinizi istismar ettiğine yorumlanır. Aşırı sinirli davranışlarınız evliliğinizi tehlikeye düşürecek demektir.

VANTUZ

Üstünüze aldığınız sorumluluklar, sizi çok zor durumda bırakacak demektir. Bir yakın dosta ihtiyacınız olduğunu belirtir.

VAPUR

Rüyada vapur görmek, bir yolculuğa çıacağınıza yorumlanır.

VARİL

Rüyada varil görmek, berekete ve kazanmaya yorumlanır.

VASİYET

Rüyada vasiyet hazırlamak rüyayı görenin uzun yaşayacağına işaret eder. Birisinin vasiyetini dinlemek, bir yükümlülüğün altına girmek demektir. Vasiyetname okuduğunu görmek, güzel haber almak demektir.

VAŞAK

Rüyada vaşak gören kimse, çevresine olduğundan farklı görünmeye çalışıyor demektir.

VATAN

Rüyada vatanını görmek, iyiye yorumlanır. Bu rüyayı görmek güzel haberler almak demektir. Eğer vatan orası dağılmış şekilde görülmüşse, bir müddet sonra bir yakınınızın hastalanmasına ya da ölmesine yorumlanır.

VAZO

Rüyada vazo görmek, kötü haber almak demektir.

VEBA

Rüyada veba hastalığı ile ilgili şeyler görmek, bugünlerde büyük bir maddi dert içine düşeceğinizi işaret eder.

VEDA

Rüyada birisiyle vedalaşan, gerçekten birilerinden ayrılır. Vedalaşırken ağlamak kötü olayların sona erdiğini bildirir.

VEREM

Rüyada verem ile ilgili şeyler, genellikle iyiye yorulmaz, içinizin sıkıldığına yorumlanır.

VERGİ

Rüyada vergi vermek, bazı sıkıntıların aşılacağına ve güzel günlerin yakında geleceğine yorumlanır.

VESTİYER

Rüyasında vestiyer gören kimse, etrafındakiler tarafından eli açık kimse olarak tanınıyor demektir. Bu özelliğinin sık sık suiistimal edileceğine işaret eder.

VEZİR

Ulaşmak istediğiniz makama ulaşacak, tüm istediklerinizi gerçeklerinizi gerçekleştireceksiniz demektir.

VEZNE

Ömür boyunca para sıkıntısı çekeceğinize işarettir.

VİNÇ

Rüyada vinç görmek, çok zor bir döneme gireceğinize ve çok büyük bir borcun altına gireceğinize yorumlanır.

VİSKİ

Rüyada viski içmek, servet sahibi olunacağına ve sağlığınızın iyi olacağına yorumlanır.

VİŞNE

Rüyada mevsiminde, güzel vişne mutluluk ve bol kazanç getirecek yeni işe atılacağınıza işarettir. Rüyada vişne yiyen kimse , bol para kazanacak demektir. Ekşi vişne de iyi kullanamayacağınız paradır. Vişne ağacı, insanın yaşamına güzellik girecek demektir.

VİTAMİN

Rüyada vitaminli ilaçlar içmek, sağlık durumunuza dikkat edilmesi gerektiğine yorumlanır.

VİTRİN

Bir vitrinin önünden geçmek, yanlış davranışlarınızdan dolayı komik duruma düşeceğinizi ve utanacağınızı işaret eder.

VİZE

Rüyada vize almak, yakın bir iyi arkadaşınızın desteği sayesinde içinde bulunduğunuz zor durumdan sıyrılacağınıza yorumlanır.

VOTKA

Rüyada votka içmek, karşınıza çıkan fırsatları iyi değerlendirmeniz ve çok emek sarf etmeniz gerektiğine yorumlanır.

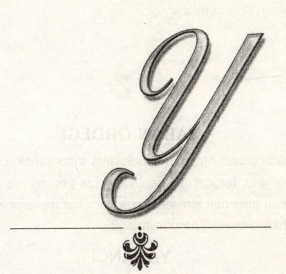

YABAN KEÇİSİ

Rüyada yaban keçisi görmek, kötü bir kadınla, yasak ilişkiye girecek ve mutsuz olacak demektir.;Rüyada görülen keçinin sağlıklı ve irice olması çok para kazanacağına ve servet sahibi olacağına yorumlan. Keçi hasta ve zayıf ise fakir olacağına yorumlanır.

YABAN ÖRDEĞİ

Rüyada yaban ördeği görmek veya satın almak, çok mutlu olacağınız bir davete katılacağınıza yorumlanır. Yaban ördeğinin pişirmek kimsenin çok para kazanacağına ve servet sahibi olunacağına yorumlanır.

YABANCI

Rüyada yeni biri ile tanışmak, yeni bir iş olanağı yakalamak olarak yorumlanır. Rüyada bir yabancı görmek, çok yakında sevdiği biriyle karşılaşır demektir. Yabancıdan bir şey aldığını görmek iyiye yorulur. Yabancıya bir şey verdiğini görmek kötüye yorulur, zarar edeceğinize yorumlanır.

YAĞ

Rüyada yağ görmek, büyük bir saadete doğru emin adımlarla ilerlemekte olduğunuza yorumlanır Hem kendi hem başka insanların yaşamlarını kontrol altına almış bir insana yorumlanır. Bol miktarda sıvı yağ, mutluluğun haberidir.

YAGMUR

Rüyada yağmur görmek daima iyiye yorumlanır. Yağmurda yürümek, sıkıntılarından ve hastalığından sıyrılmak demektir. Bu rüyayı gören kişi İşsizse çok güzel bir iş bulacağına yorumlanır. Para derdi varsa gelecekte para sıkıntısı çekmeyeceğine, aşıksa sevgilisine kavuşacağına yorumlanır.

YAĞMURLUK

Rüyada yağmurluk görmek, daha önce tanışmadığınız bir kimsenin işlerinizde büyük yardımı olacak anlamındadır.

YAHUDİ

Rüyada Yahudi ile konuşurken görmesi, o kimsenin dini görevlerini yerine getirmediğine, dinden çıkacağına yorumlanır.

YAKA

Rüyada yaka görmek, bol paraya ve iş girişimlerinin başarıya ulaşacağına işaret eder. Yakanın sarkık ve buruşuk olduğunu görmek işlerde zarara yorumlanır.

YAKMAK

Rüyada bir şey yakmak servet sahibi olmak demektir. Fakat eşya yanmaz da rengi kararırsa bu derde yorumlanır.

YAKUT

Rüyada yakut görmek ferahlık, mutluluk, sağlık ve güzel yaşama yorumlanır. Kendisine yakut bir yüzük alması evlat sahibi olmasına yorumlanır.

YALAK

Yeni bir aşk yaşayacağınıza işaret eder.

YALAN

Rüyada yalan iyi sayılmaz. Yalan söylediğini görmek düşünmeden yaptığınız işler yüzünden hem kendinize hem de etrafınızdakilere zarar vereceksiniz demektir.

YALDIZ

Rüyasında yaldız gören kimsenin hareketlerine dikkat etmediği taktirde çevrenizdekilere zarar veriyorsunuz demektir.

YALI

Rüyada yalı görmek, emellerine ulaşacağına yorumlanır.

YAMA

Rüyada yama gören kimse bir sorunun üstesinden geleceksiniz demektir.

YAMYAM

Rüyada yamyam görmek, doğru ve iyi niyetli yeni insanlarla tanışacağınıza yorumlanır.

YANAK

İnsanın rüyada yanağını görmesi, bolluğa, hayra ve refaha yorumlanır

YANARDAĞ

Rüyada yanardağın patladığını görmek, genç bir erkek için, yeni tanıştığı birisiyle aşk yaşayacağına ama bu aşkın mutluluk getirmeyeceğine yorumlanır. Bu rüya orta yaşlı biri için, gönülsüz olarak çevresinin değişeceğine işaret eder. Genç bir kadın için ise, çok seveceği iyi fakat iyi huylu olmayan birisiyle evleneceğine yorumlanır. Bir yanardağın gürültüyle faaliyete geçmesi önemli birisiyle bir sorun hakkında görüşme yapmak demektir.

YANGIN

Yangın rüyaları birkaç şekilde yorumlanır. Rüyada bir konağın yandığını görmek, uzaktan sizi tedirgin edecek haber alacağınıza yorumlanır. Kendi evinin yandığını görürse, işlerinde büyük zarar edecek ve sağlığı bozulacak demektir. Eşyalarının yandığını gören kişinin el attığı her işte başarılı olacağına yorumlanır. Yanan şeyden sadece beyaz dumanlar çıkıyorsa, bu herkesi ilgilendiren bir olaydır. Kara duman çıkıyorsa, büyük derttir. Yangında sadece alev gözükmesi, zengin olunacağına yorumlanır.

YANKESİCİ

Yankesici tarafından soyulduğunu gören kimsenin hareketlerine çeki düzen vermesi gerektiğini belirtir.

YANKI

Rüyada sesinin yankılandığını duyan kimse zor günler geçirecek ve bu zorluklar onu çok üzecek demektir. Bu rüyayı gören kimsenin kararlar alırken daha dikkatli olmalısınız demektir.duysanız, zor günler geçireceksiniz. Özellikle önemli konularda acele karar vermekten kaçının.

YAPRAK

Yeşil yaprak murada ermek anlamındadır. Sararmış, kurumuş, bir yaprak hayal kırıklığı yaşamak demektir. Bir ağacın, dalın yapraklanması, istediğiniz şeylerin olacağını işaret eder.

YARA

Rüyada yara genel olarak para kazanmak zengin olmak sayılır. Rüyada bir erkek kendisini yaralamış gördüyse yakınları onu hatalı işlere atılmaktan kurtaracaklar demektir. Rüyayı bir kadın görüyorsa, sevgilisi veya kocası tarafından aldatıldığına işaret eder.

YARASA

Rüyada yarasa görmek, aslında kötü şansa, hastalığa yakalanmaya ve tehlikeye yorumlanır. Ancak yarasa görmek amacınıza ulaşmak için çok emek harcamanız gerekir şeklinde de yorumlanabilir. Rüyada yarasa görmek, kötü işlere atılmaya ve yaşamda kötü değişiklikler yapmaya yorumlanır. Beyaz yarasa ölüme yorulur.

YARDIM

Birine yardım etmek, iş hayatında yükselip, hep çıkmak istediğiniz makama ulaşacağınızı işaret eder. Eğer rüyanızda size yardım ediliyorsa, gerçek yaşamda da bir iyi arkadaşınız size yardım edecek demektir.

YAS

Rüyasında yas tuttuğunu gören kimse sıkıntı ve dertlerinizden kurtulacak, rahat bir döneme girecek demektir.

YASTIK

Rüyada yastık görmek, genç bir erkek için; çok yakında önünüze çıkacak bir fırsatı iyi değerlendirirseniz mutlu ve rahat bir yaşam sürersiniz demektir. Orta yaşlı bir erkek için bu rüya çok eğleneceğiniz ve rahatlayacağınız bir tatile çıkmak anlamındadır. Bekar bir kadın için rüyada yastık görmek için parası olan ve iyi huylu birisiyle evlenmeye yorumlanır. Evli bir kadın içinse bu rüya çok iyi bir arkadaş sahibi olamaya yorumlanır.

YATAK

Rüyada yatak görmek, yeni bir aşk macerasına atılacağına yorumlanır. Genelde yatak rüyası görmek yola çıkmak anlamındadır. Temiz bir yatak görmek, güzel ve eğlenceli bir tatile çıkacak demektir. Rüyada eve yatak almak rüyayı gören bekarsa, istediği kimseyle evleneceğine yorumlanır. Yatağını satan veya atan kişi eşinden istifa eder demektir.

YATAKHANE

Etrafınızda işinizdeki başarıları kıskanan insanların bulunduğunu işaret eder.

YAY

Sağlığınızın düzeleceğini bildirir. Eğer sağlığınıza dikkat ederseniz bir daha ciddi bir hastalık geçirmeyeceksiniz demektir.

YAYLA

Rüyada yayla görmek işinizi değiştireceğinize işaret eder.

YAZAR

Rüyada yazar olduğunu gören kimsenin işleri düzelecek, şansı açık olacak demektir.

YAZI

Rüyada yazı yazmak sahtekar bir kimsenin etrafınızda olduğuna ve size zarar verecek komplolar kurduğuna işaret eder.

YELEK
Rüyada yelek görmek, dertlerle uğraşmak anlamına gelir.

YELPAZE
Rüyada yelpaze rahata, sıkıntıdan ve kavgadan kurtuluşa, yoksulluktan varlığa yorumlanır.

YEMEK
Tek başına yemek yemek, kötü bir haber alacağınıza yorumlanır. Hareketlerinize dikkat etmeniz gerektiğini de belirtir. Birçok insanla yemek yediğinizi gördüyseniz, bolluğun ve refahın habercisidir. Kazanç elde edip, kazancınızı başka insanlarla paylaşacaksınız.

YEMEK PİŞİRMEK
Rüyada yemek pişirmek, istediklerine kavuşmaya yorumlanır.

YEMİN
Rüyada yemin ettiğini görmek, düşmanlarınızı alt edeceğinize yorumlanır.

YENGEÇ
Rüyada yengeç görmek, sert tutumlu, geçimi zor birine yorumlanır.

YER ALTI
Rüyada yeraltında olduğunu görmek, bir konuyu olduğundan çok büyüttüğünüzü bildirir.

YETİM
Rüyada yetim biri görmek, düşünmeden yaptığınız hareketler nedeniyle çevrenizdeki insanlara zarar verir demektir.

YIKANMAK

Rüyada yıkanmak, hastalık ve dertlerden sıyrılmaya, kulak yıkamak güzel, hayırlı haberler almaya yorumlanır.

YIKMAK

Bir evin yıkıldığını görmek, o kişinin öleceğine, eski bir evin yıkıldığını görmek, dert ve üzüntüye yorumlanır. Rüyayı kadının evin tavanının yıkıldığını görmesi, kocasının ölümüne yorumlanır.

YILAN

Rüyada yılan görmek her türlü düşman demektir. Çok zehirli oldukları bilinen engerek, kobra, gibi yılanları görmek çok daha da tehlikeli düşman demektir. Rüyada yılanı evde görmek düşmanın size kötülük yapacağına yorumlanır. Bu rüya karı:kocanın kavga etmesine işaret eder.

YILAN BALIĞI

Rüyada yılan balığı görmek, etrafınızdaki kimselerin sizi kıskanacağına işaret eder.

YILBAŞI

Yılbaşı ile ilgili rüyalar evlenmeye ve aşka yorumlanır.

YILDIRIM

Rüyada yıldırımın eve düşmesi, evdekilerin zor, sıkıntılı zamanlar geçireceğine yorumlanır. Size yıldırım düştüğünü görmek, çok önemli bir hastalığa yakalanacağınızı belirtir.

YILDIZ

Rüyada yıldızlı gökyüzü gören kimsenin, mutlu olacağına, şansının iyi olacağına ve para sıkıntısı çekmeyeceğine yorumlanır. Yıldız kayması ise, kötü haber almak demektir.

YOĞURT

Rüyada yoğurt görmek, yemek, zengin olmak ve uzun yaşamak demektir.

YOKUŞ

Bir kimse rüyada bir yokuşu çıkıyorsa, olaylar karşısında daha güçlü olmalı, ve güçlüklere dayanmalı demektir.

YOL

Rüyada dar veya taşlı yolda yürümek, bazı kavgaların başınızdan geçeceğine işaret eder. Kenarları çiçekli bir yol görmekse, aşk yaşamınızda güzel bir ilişkiye başlayacaksınız demektir.

YOLCULUK

Yolculuğa çıktığını görmek ve ya da arsa alacağınıza işarettir. Deniz yolculuğuna çıkmak, muradınıza ereceğinizi bildirir.

YONCA

Rüyada yonca görmek, çok güzel bir paraya kavuşmaya yorumlanır. Yonca bulmak hayal kırıklığı yaşayacağınıza yorumlanır. Rüyasında yonca tarlasında yürüyen gören genç bir erkek hayatında başarı kazanmak için harekete geçeceğine işaret eder. Evli kadınlar için yeni bir eve taşınmaya yorumlanır. Orta yaşlı kimse için işlerinde çok başarı kazanacağına ve yükseleceğine yorumlanır. Genç kızlar için bu rüya evliliğe işaret eder.

YORGAN

Rüyada yorgan gören kişi mutlu olacak demektir. Akıllıca davranmak rahat bir geleceğe sahip olmanızı sağlayacak demektir. yorumlanır.

YOSUN

Rüyada yosun görmek, gereksiz işlerle uğraşarak, vaktinizi boşa harcadığınıza, daha önemli işlerle meşgul olmanız gerektiğine yorumlanır. Bu rüyayı genç kız görürse ilerde çok mutlu olacağına işarettir. Kadınlar görmüşse, uzun süredir görmediği bir arkadaşıyla karşılaşacağına yorumlanır.

YUFKA

Rüyada yufka görmek çektiğiniz sıkıntılardan kurtulacağınıza ve rahat ve huzurlu bir hayat göstereceğinize işaret eder.

YULAF

Rüyada yulaf görmek, beklenmedik miktarda para kazanmak demektir.

YULAR

Rüyada yular görmek, birisinden pahalı bir hediye alacağınızı belirtir.

YUMURTA

Rüyada yumurta zenginliğin ve mutluluğun işaretidir. Ayrıca evliliği de işaret eder.

YUMAK

Rüyasında yumak gören kimsenin işleri daha da karışacak demektir.

YUMRUK

Daha önce size kötülüğü dokunan bir insandan intikamınızı alacağınıza işaret eder.

YUNUS

Rüyada yunus balığı görmek, mutlu ve huzurlu bir evlilik yapacağınıza işaret eder.

YUVA

Rüyada bir kuş yuvası görmek, aile yaşamında huzura yorumlanır. Bekar biri bu rüyayı görürse, yakında güzel bir evlilik yapacağına yorumlanır.

YÜK

Rüyasında yük taşıyan bir kişi yüksek bir makama yükselir anlamındadır.

YÜN

Rüyada yün görmek, helal yoldan para kazanacağınıza işaret eder. Yün doldurmak, yakında evlilik yapacağınıza işaret eder.

YÜRÜMEK

Düz ve doğru bir yolda yürüdüğünü görmek o kişi hayatında çok olumlu değişiklikler yapacağını belirtir. Başı önde eğerek yürümek, ömrünün uzun olacağına yorumlanır. Yağmur altında yürümek, ihtiyarlığında çok rahat ve mutlu bir yaşantı süreceğine işaret eder.

YÜZMEK

Rüyasında yüzdüğünü gören kişi çok başarı kazanacağı iş yolculuğuna çıkacaktır. Kirli suda yüzdüğünü gören kimse kötü yollardan para kazanacak anlamındadır. Dipten yüzmek işleri herkesten gizleyerek yürüttüğünüzü işaret eder.

YÜZÜK

Rüyada yüzük görmek, iyiye işarettir. Yüzük takmak, yeni bir işe atılıp çok para kazanmaya yorumlanır. Nikah yüzüğü takmak güzel ve mutlu bir evlilik yapmak demektir.

ZABIT

Rüyada zabıt tutulduğunu görmek, ilginiz olmadığı halde adınızın kötü bir olaya karışacağına işaret eder.

ZABITA

Rüyada zabıta görmek başınıza bir sıkıntı gelecek demektir.

ZABİT

Rüyada zabit görmek istenilmeyen, kötü bir olaya isminizin karışması anlamındadır.

ZAFER

Çok zor bir sorunun üstesinden gelerek başarıya ulaşacaksınız demektir. Karşınıza çıkan tüm sıkıntıları aşacaksınız anlamındadır.

ZAKKUM

Rüyada zakkum görmek, kötü ve üzüntü verecek bir haber almak demektir.

ZALİM

İyi arkadaşlarınızın sağlıklarıyla ilgili haberlerin sizi mutlu edeceğine yorumlanır.

ZAMBAK

Rüyada zambak gören kimsenin işleri iyi olacak, bol para kazanacak demektir. Beyaz zambaklar görmek huzur ve mutluluğa erişecek anlamındadır.

ZAMPARA

Çok yoğun bir iş yaşamınız olduğuna, işleriniz dışında bir şeye vakit ayıramadığınızı bildirir.

ZAR

Rüyada zar oynamak ve kazanmak size yarar sağlamayacak, helal olmayan paraya ve mal kaybına yorumlanır.

ZARF

Rüyada kağıt zarf görmek, gizli bir olayı ortaya çıkaracağınıza yorumlanır. Zarfın içine bir kağıt koymak girdiğiniz bir toplulukta lider olacağınızın işaretidir.

ZAYIFLAMAK

Rüyada çok zayıflamak i, yaşamındaki sıkıntılarla uğraşamayıp ruhsal sıkıntılara düşmek demektir. Rüyada insanlarında hayvanlarında zayıflaması kötüye yorumlanır.

ZEBANİ

Rüyada zebani görmek, sıkıntılı bir döneme gireceğinizi haber verir.

ZEBRA

Maceraya olan düşkünlüğünüzden sürekli tehlikeye atılıyorsunuz demektir.

ZEHİR

Rüyasında zehir içerek öldüğünü gören kimse yaşamında güzel gitmeyen olayla olacak anlamındadır. Rüyada zehirlenmekten kurtulmak yaşamının bundan sonra ferahlık ve bolluk içinde olacağına yorumlanır. Rüyada başkasını zehirlemek bir sıkıntı yaşayacağını ancak bu sıkıntıların zamanla bu sıkıntıdan kurtulacağına yorumlanır. Etrafınızda olan olaylar moralinizin bozulmasına neden olacak demektir.

ZELZELE

Başınıza çok büyük belalar geleceğine işaret eder. Çok kötü bir rüyadır.

ZEMZEM

Rüyada zemzem suyu görmek çok tehlikeli hastalıktan kurtulmaya, üzüntünün ve sıkıntının biteceğine yorumlanır.

ZENCİ

Rüyasında zenci gören kişi geçinebilmek için çok çalışması gerekir anlamındadır. Evin içinde zenci görmek uzun süredir sonuçlandıramadığınız bir işi bitireceğinize yorumlanır.

ZENGİN

Rüyada zengin birini görmek çok sıkıntılı bir dönem geçirdiğinizi işaret eder.

ZERDALİ

Rüyada zerdali görmek, iyi bir haber olarak yorumlanır. zevk almayacağınız anlamındadır.

ZEYBEK

Akrabalarınız ve arkadaşlarınızla, eğlenceli vakit geçireceğinizi haber verir.

ZEYTİN

Rüyada zeytin para kazanmak demektir. Siyah zeytin, bundan sonra rahat ve huzur içinde yaşamak demektir. Yeşil zeytin zengin olmak ve gayri menkul almak demektir. Zeytin ağacı kısmet demektir.

ZIMBA

Rüyada zımba görmek, inatçı huyunuz yüzünden, çevrenizdeki insanları inciteceğinize işaret eder.

ZIRH

Sizi her konuda destekleyecek, başınız her sıkıştığında yardım edecek dostlara sahip olduğunuzu işaret eder.

ZİL

Rüyada zil sesi duymak güzel olaylara yorumlanır. Genç bir erkek için yüksek makamlara yükseleceğine işaret eder. Orta yaşlı kimse için bu rüya yaşamında iyi değişiklikler yapmaya yorumlanır. Bekar bir kız için mutlu olacağı bir evliliğe işaret eder. Eğer rüyayı gören evliyse geleceği oğlan çocuğunun doğumuna yorumlanır.

ZİNCİR

Rüyada zincir görmek güçlü olunacağına yorumlanır. Bekar birisi için evleneceğine işarettir. Rüyayı gören kimse gurbetten vatanına dönecek demektir. Boynunda zincir görmek, iftiraya uğrayacağınıza işaret eder. Rüyada el ve ayaklarının zincirle bağlı olduğunu görmesi çok büyük bir isteği olduğuna yorulur.

ZİNDAN

Çok güvendiğiniz bir işte hayal kırıklığına uğrayacaksınız demektir.

ZİRVE

Mücadeleci yapınız nedeniyle, daima sorunların üstesinden gelecek, başarılı olacaksınız demektir.

ZİYAFET

Bu rüyalar daima hayra yorulur. Rüyada ziyafet vermek iyilik yapmak demektir. Ziyafet sofrası görmek hayatının sonuna kadar para derdi çekmemek demektir. Bir ziyafet sofrasına oturmak istediği makama yükselir anlamındadır.

ZİYAN

Bir olay nedeniyle ziyana uğrayan insan, emeğinin karşılığını mutlaka alacak demektir.

ZİYARET

Rüyada birini ziyaret etmek, mutluluk demektir. İstemediğiniz bir ziyaret ise, sevmediğiniz insanlarla aynı ortamı paylaşacaksınız demektir.

İÇİNDEKİLER

A 5
B 35
C 59
D 69
E 77
F 87
G 93
H 99
I 105
İ 109
J 121
K 125
L 169
M 175
N 201
O 209
Ö 219
P 225
R 238
S 244
Ş 263
T 271
U 285
Ü 289
V 293
Y 299
Z 312

Yine bitti değil mi? :(

Üzülmeyin, bu her kitapseverin başına gelir. Son sayfalara geldiğinizde hem *ne olacak acaba sonunda* diye merak eder hem de kitap bitmesin istersiniz. Hele de kitabı severek okuduysanız bitiminde kesin bir boşluğa düşersiniz. İşte biz de tam o boşluğu doldurmak istiyoruz, www.ideefixe.com.

Türkiye'nin en büyük online kütüphanesi

www.ideefixe.com'da
90 bin kitap
Her daim kampanyalar, indirimli fiyatlar
7 Gün 24 Saat güleryüzlü hizmet
Sizi bekliyor.

www.ideefixe.com
%128 güvenli alışveriş